大喜多喜夫
Yoshio Okita
著

英語教員のための
授業活動と
その分析

To Analyze
English Classroom
Activities

昭和堂

まえがき

　英語教育では、かつての言語面の学習を中心とした活動だけでなく、コミュニケーション能力の育成のための学習活動にも、関心が集まるようになりました。この流れをうけ、これまでにはないさまざまな活動方法が研究会や書物で紹介され、これらの多くは熱心な先生方によって教育現場で実践の対象となっています。一方、これらの新しい指導方法にまじって、従来の指導理念にもとづいた指導方法も、依然として広くおこなわれているのも事実です。

　このように異なった指導理念にもとづいたいろいろな学習活動が混在するなか、これらの学習活動を、指導理念とその背景にある理論に従って分類し、それぞれの学習活動の特徴をあらためて考察するのが、本書の第1のねらいです。

　しかし、さらに大きなねらいは、そのような考察をとおして、日頃から英語教育の実践に取り組む読者の皆さんへ、さらに効果的な指導方法を模索するうえでのヒントを提供することです。

　本書では、英語の学習活動をリーディング、ライティング、スピーキング、リスニング、発音、語彙の6つの分野に分けました。そして、それぞれの分野の指導方法について、理論的考察だけでなく、その具体的な学習活動の事例を提示しました。

　ただ、本書で紹介する具体的な活動例が、そのままの方法で、すべての英語の先生方に利用していただけないかもしれません。英語教員が置かれた環境はそれぞれ異なるからです。たとえば、対象とする学習者が中学生か高校生かによっても、当然選択できる学習事例が異なることもあるでしょう。しかし、だれもが与えられた授業環境で生かせるような指導方法にはどんなものがあるのかを、模索しているに違いありません。そのようなときにヒントとしてもらいたいのが本書です。

　なお、本書で試みた授業内容の理論的あるいは理念的な分析の方法は、考えられる1つの分析方法にすぎません。しかし、これまで日本の英語教育の現場でおこなわれてきた学習活動や、今後さらに導入されることになる学習活動を客観的に考察しようとするとき、本書の分析方法はたいへん分りやすい方法だと思われます。効果的な授業設計のお役に立つことを願っています。

著者記

まえがき　i

第1章　リーディングの指導

§1　概説 ———————————————————————— 1
　　Bottom-up リーディングと top-down リーディング　1
　　スキーマ理論　2
　　インタラクティヴなリーディング　4
　　これまでのリーディング指導　6

§2　3段階のリーディング指導 ——————————————— 7
　　Pre-reading の課題　8
　　While-reading の課題　10
　　Post-reading の課題　12
　　特徴と展開　13

§3　パラグラフ・リーディング —————————————— 23
　　パラグラフ・リーディングと英語のロジック　23
　　パラグラフ・リーディングの学習　30

§4　スキミングとスキャニング —————————————— 36
　　スキミング　36
　　スキャニング　37

第2章　ライティングの指導

§1　概説 ———————————————————————— 40
　　作文からコミュニケーション活動としてのライティングへ　40
　　学習者中心のライティング活動　42

§2　3つのタイプのライティング活動 ———————————— 42
　　「制限型」の学習活動　43
　　「誘導型」の学習活動　47
　　「自由型」の学習活動　57

§3　プロダクト・アプローチとプロセス・アプローチ ————— 61
　　プロダクト・アプローチの特徴　61
　　プロセス・アプローチの特徴　63
　　プロセス・アプローチの実際　65

第3章　スピーキングの指導

§1　概説 ——————————————————————— 74
　　コミュニケーション能力の育成に向けて　74
　　コミュニケーション能力の定義　76

§2　「文型指向型」の学習活動 ———————————————— 83
　　「機械的な練習」　84
　　「意味理解をともなう練習」　86
　　「コミュニケーション型の練習」　87

§3　「内容指向型」の学習活動 ———————————————— 94
　　「討議」　94
　　「スピーチ」　97
　　「ロール・プレイ」　103

第4章　リスニングの指導

§1　概説 ——————————————————————— 108
　　コミュニケーションのなかでのリスニング指導　108
　　4つのタイプのリスニング活動　110

§2　「反復練習のためのリスニング」 ————————————— 110
　　オーディオリンガルにおけるリスニング　111
　　理論面からの批判　111

§3　「言語認知のためのリスニング」 ————————————— 112
　　Comprehension-Based Approach　113
　　Total Physical Response　115
　　Natural Approach　118

§4　「内容理解のためのリスニング」 ————————————— 119
　　「質問に答える形式」　119
　　「タスクに対応する形式」　120
　　Bottom-up リスニングと Top-down リスニング　126

§5　「音声システム理解のためのリスニング」 —————————— 135
　　リアル・タイムのパーシング　135
　　ポーズとイントネーション　136
　　子音＋母音の連結　138
　　機能語における母音の弱音化など　139

第5章 発音の指導

§1 概説 ──────────────── 142
何を模範とするのか　142
GAEとRPの違い　143
何を学習するのか　144

§2 分節的な発音指導 ──────────── 145
ミニマル・ペアや文脈のなかで　145
異音への意識を高める　153

§3 超分節的な発音指導 ──────────── 156
ストレスとリズム　156
連結　160
同化　161
プロミネンス　164
イントネーション　167
バック・チェイニングとシャドイング　173

第6章 語彙の指導

§1 概説 ──────────────── 176
これまでの語彙指導　176
学習の対象となる語彙　181
語彙の「明示的な」学習と「暗示的な」学習　183
語彙指導の「3Cアプローチ」　185

§2 「意味を伝える」ための語彙指導 ──────── 186
タイミング　187
交差連想　187

§3 「確認する」ための語彙指導 ────────── 196
口頭を中心にした活動　196
文字を中心にした活動　199

§4 「定着させる」ための語彙指導 ───────── 201
目標は何か　201
ゲーム化した学習活動　207

むすび　213
参考文献　214／索引　217／活動事例一覧　222／あとがき　226

第1章
リーディングの指導

§ 1 ●概説

◆Bottom-up リーディングと top-down リーディング

　20世紀に入ってもヨーロッパやアメリカを始め、世界の多くの国々で続けられていた外国語の教育法、それは文法訳読方式（Grammar Translation Method）の指導方法でした。日本でも長らくこの方法により英語教育がおこなわれ、学習者は与えられた英文に現れる単語を、先ず1語1語、母語（L1）である日本語に置き換え、さらにこの作業を句、そして文章へと展開することにより、リーディングの作業が試みられました。このように、語彙や文法というような言語的な情報を次々に重ねるようにして内容を理解しようとする読み方を、bottom-up と言います。このような方法が、かつての英語教育において一般的であった理由は何でしょうか。

　それは、ほとんどの人にとって英語を学習することが、現在さかんに叫ばれているようなコミュニケーションするためではなく、学問的な教養を高める1つでしかなかったからではないでしょうか。このため文法や語彙の知識を深めるための学習に重きが置かれ、どうしても bottom-up リーディングが中心になっていたのです。

　しかし、bottom-up では、どうしても単語の語義や使い方、そして文法な

どの細かい部分に学習者の意識が集中し、読む速度も遅くなります。したがって学習者の興味や関心を持続させつつ、読んでその内容を理解するという本来の目的のためには、bottom-up は適していないのではないか、と考えられるようになりました。まさに「木を見て森を見ず」という読み方の弊害が指摘されたのです。

　このような流れのなかでアメリカにおける ESL では 1970 年代になって、bottom-up とは別のリーディングの方法が提唱され始めました。Top-down と呼ばれるこの方法では、学習者はタイトルなども含めて文中のちょっとした語句をヒントに、おおよそこんなことが書いているのではないかという予想や期待を持ちながら、内容を読みとろうとします。この予想や期待は、読者のこれまでの知識や経験にもとづいておこなわれますが、このようにして英文を理解しようとするのが top-down リーディングです。予想や期待をするのですから、読者はそれだけリーディングの活動に前向きに取り組むことになる、と考えられています。

　Top-down と bottom-up の大きなの違いは、内容を理解するのに bottom-up では文中の語彙や文法などの言語情報に頼ろうとしますが、top-down ではこの点、最小限にとどめられ、代わりに以下で述べるスキーマを活用している点です。

◆ スキーマ理論

　スキーマ（schema）とは、人が新しい情報に接したとき、その理解を促がすような、内容についての背景的な知識や予備的な知識のことです。この知識は社会的や文化的な通念の他、それまでの個人的な体験などにもとづいています。スキーマがあるとないとでは、理解度がずいぶんと異なることがあります。

　たとえば、電車のなかでしゃべっている 10 代の若者が話す話の内容が、中高年の人々には理解しづらいことがあるでしょう。その理由は、その若者

が共通して持っている話題についての知識、つまりスキーマが聞き手に欠如しているからです。ファッションやレジャーの分野で、若い人々が情報交換するときに持つのと同じスキーマを中高年の人が持つのは困難なことでしょう。

　リーディング活動において、学習者はスキーマを活用することで、自分なりに物語の筋や論理の流れを構築しつつ、背後にある書き手の意図などの理解を深める、というのがスキーマ理論の考え方です。たとえ与えられたテキストの英文が、語彙や構文の点で少々難しいものであっても、読者の側にその内容の理解につながるような予備的な知識があれば、これを利用して比較的容易に何が書いてあるか理解できることがあります。これはまさしく、スキーマを活用しているからに他ありません。

　反対に、活用するスキーマが乏しければ、言語的な情報がいくら豊富に与えられても、内容を読んで理解することは困難なこともあるでしょう。

　次の文章を読んで、内容を理解してみて下さい。

> The procedure is actually quite simple. First you arrange things into different groups depending on their makeup. Of course, one pile may be sufficient depending on how much there is to do. If you have to go somewhere else due to lack of facilities that is the next step, otherwise you are pretty well set. It is important not to overdue any particular endeavor. That is, it is better to do too few things at once than too many... （Cook, 1996：72）

　この文で使用された単語や文法的な要素を正しく理解できても、すぐさま内容の理解に結びつくことは困難かも知れません。スキーマ理論によれば、この文の内容の理解が困難なのは、活用するスキーマが欠如しているからだとされます。

　もし、この英文のタイトルが "About Washing Clothes" であることが、あらかじめ分かっていればどうでしょうか。タイトルから、読者は家での洗濯の様子を連想し、これをスキーマとして内容を理解しようとします。言語情報

にはできる限り頼らないで、スキーマから大まかな内容の予想を立て、この予想の基に文章を読み理解するのが top-down リーディングです。

◆ インタラクティヴなリーディング

　アメリカでは 1980 年代になって、top-down と bottom-up を統合したようなインタラクティヴ（interactive）な読み方が、提唱されるようになりました。この新しい方法が生まれた背景には、とくに ESL の分野で読むことの目的として、単に内容の理解にとどまらず、以前にもまして "reading to learn"、つまり「専門的な知識を深めるために読む」というアカデミック・リーディング（academic reading）が重視されてきた点があげられます。

　たとえば社会学を専門に勉強する学生が、一般的な教養を高めるために設けられた英語の授業で、文学作品を読んでいる場合は、おそらく目的は内容を理解し文学を鑑賞することでしょう。それではなしに、自分の専門分野の知識を高めるために英語で書かれた専門書を読む場合は、まさにアカデミック・リーディングをしていることになります。このリーディングの特徴は、さらに自分の知識を広げるために、一段と内容的に高度な読み物へと発展することです。

　インタラクティヴな方法では、top-down と bottom-up が交互に使い分けられます。先ず学習者は文字から得られる情報を既得の情報に照らして、書いてある内容についての大まかな予想を立てます。この段階が top-down です。そしてこの予想の妥当性を、さらに読み進み詳しい情報を得ることで、確認したり修正したりします。この段階では bottom-up が使われます。このような作業を繰り返しながら、全体の内容を的確に把握しようとするのが、インタラクティヴなリーディングの方法です。

　Top-down ばかりに頼っていると、ともすれば内容の理解のヒントになる貴重な言語的な情報（たとえば、論理構成を決定する逆説、一般論、順接、原因・結果、比較・対照や時間の流れなどを示すディスコース・マーカー）を見過

ごすこともあるでしょう。するとこれが原因となり、間違ったヒントを頼りに作者の意図に反する、不完全なあるいは不適切な予想を重ね、それを修正することも困難になりかねません。予測や修正に、よりいっそうの正確さを期するためには、本文の言語的な情報を1言1句ていねいに、まるで文字列に推敲を重ねるときのように読むことも必要です。当然、この場合は bottom-up が要求されることになります。

また、第2言語（L2）を学習するという点からは、top-down だけで内容の理解ができたとしても、これは望ましいものではないかもしれません。語学的な学習という視点から、語彙や文法など言語的な学習もかたわらにあることを、忘れてはいけません。学習目標となる言語的な情報の理解を前提にしたリーディングも必要で、またそのような教材を学習者に与えないと、学習者の言語的な知識を深めることはできません。

逆に、あまりに bottom-up に頼ると、いわゆる「トンネル的視野（tunnel vision）」からの情報しか得られないだけではありません。各部を関連づける情報の処理速度も遅くなり、全体の正確な理解を妨げることになります。しかし、最も憂慮すべきことは、一方的に bottom-up にかたよった学習により、これに完全に慣れきってしまうことです。せっかく活用すべきスキーマを持っていても、それに気づかないで、まるで字を習い始めた子どもが1字1字指で追うように、ゆっくりとしたペースで読みの作業を続けることでしょう。

インタラクティヴなリーディングができるためには、それに必要なある程度の能力あるいはテクニックを、学習者が習得していることが必要です。与えられた文章の中心となるテーマだけを知りたい場合や、与えられた材料から特定の情報だけを得たい場合は、それにふさわしい読み方がそれぞれあるからです。考えてみれば、私達が日本語で書かれたものを読むとき、それがアカデミック・リーディングであるかどうかに関係なく、知らず知らずのうちに top-down と bottom-up を適宜使い分けながら、文章を読み進めているのです。

なお、top-down と bottom-up の基本的な考え方は、リスニングについても

あてはまります。これについては、p.126 をご覧下さい。

これまでのリーディング指導

◎興味づけの欠如

　与えられた教材を読んで、そこから何か得ようという積極的な心構えが学習者にあれば、リーディングの授業について、教員は悩む必要はありません。また、学習者に読むことに対する興味が欠如している場合、読むという作業はしばしば学習者にとっても単語の意味を追って文意を把握するだけの、受け身で退屈な活動になってしまいます。

　私達は日常、たくさんのものを読んでいます。朝起きると先ず新聞を開き、折り込み広告、テレビ番組、前日の事件の続報、連載小説、家庭欄などに目をやります。新しいコンピュータを購入すれば、その説明書を読むことになります。旅行を計画するのであれば、ガイドブックやインターネットのサイトを読むことになります。しかし、私達はこれらの作業を退屈だとは決して思ってはいません。読み始める前には、何かを学びたいという積極的な理由、言い換えれば興味や関心があるからです。

　また、一旦読み始めても、その過程で私達はさまざまなことを考えます。折り込み広告を読んでいる場合であれば、この製品は他社のものと比較して価格や性能がどうか、などと考えながら読んでいます。小説であれば、自分が主人公ならここでこうするのに、などと思いながら読んでいるに違いありません。さらに読み終われば、周囲の人々と読んで得られた新たな知識にもとづいて、情報の交換をしたいと思いながら読んでいることもあるでしょう。

　これまでのリーディングの授業では、多くの場合、以上のような興味づけが十分にされていないか、あるいはそのきっかけさえも与えられていないことが、問題点としてあげられます。

◎かたよったリーディングの授業方法

　従来のリーディングの授業でのもう1つの問題点は、言葉の学習にかたよりがちであった点があげられます。文法や語彙の学習に比重がおかれ、読んで全体的な内容を知るという基本的な目的が失われていたのです。テキストにある言語的な要素を詳しく分析することで、内容を部分的には知ることができますが、全体を理解することは困難です。

　また、読むことの先ず最初の目的は、与えられた教材を正しく理解することですが、この方法は教材のジャンルによって必然的に異なると考えられます。従来の指導では、この点にも十分な留意がされてきたとは考えにくいのです。

　教材のジャンルとして、描写型、物語型、論説型の3つがあります。それぞれは特徴的な言語の使い方や、談話形式を持っており、これに対応した読み方があるはずです。描写型では場所、動作方向、形状に関する語句が、物語型には時間の推移を明示する語句が、また論説型では順接や逆説などの論理関係についての語句が使用されていることが多いでしょう。当然これらの語句の働きに留意した読み方、言い換えると、教材の修辞面での構成を視野に入れた読み方が必要になります。

　リーディングの指導におけるこれらの問題点を解決するためには、どのような試みがなされているのでしょうか。ここでは3段階のリーディング指導とパラグラフ・リーディングについて説明します。3段階のリーディング指導というのは、インタラクティヴな読み方を実際に授業のなかで生かすために考えられた方法です。またパラグラフ・リーディングは論説型の文章を読む場合の指導方法で、英語の論理展開にもとづいて考えられた方法です。

§ 2 ●3段階のリーディング指導

　3段階のリーディング指導では、教材を読む過程で pre-reading、while-reading、post-reading と呼ばれる3種類の課題が学習者に与えられます。多くの研究者や実践者によってその効果が指摘されている指導法で、最近のリーディング教材の多くは、これにもとづき編集されています。

◆ Pre-reading の課題

　文字どおり、pre-reading とは学習者が実際にリーディングの作業に入る前に与えられる課題のことです。この課題には、およそ次の3つの目的があります。もちろんすべての教材について、これらすべてを備えた課題が要求されるわけではありません。

　1）教材のテーマを提示し、学習者の興味や関心を高める。
　2）読むための目的を明確にし、積極的な読みを促す。
　3）語彙や文法項目などの言語材料で、難解なものがあれば理解を促す。

　私たちが日常、日本語で読み物を読むとき、これこれについて知りたいという期待の他、これから読むものにはこのようなことが書かれているであろう、というような予想を立てて読むことも多いでしょう。Pre-reading の課題のおもなねらいは、作為的にせよ学習者がこのような予想を立てるよう方向づけることです。

　本文の展開を予想しやすくする方法として、本文の内容に関係の深いキーワードを与えられ、学習者がセマンティック・マップ（semantic map）を作成することがしばしばおこなわれます。

　セマンティック・マップとは、与えられたキーワードなどから連想される単語や句を、フロー・チャート（flow chart）などによって分かりやすくグループ分けし整理したもので、もともと語彙力の向上や確認のために利用されてきました。どのように整理するかは、トピックやその時の学習目的となる語彙によって決定され、とくに決まった形式はありません。セマンティック・マップは学習者が作成することもあれば、学習者があげた語句にもとづ

いて教員が作成することもあります。Pre-readingの課題として、たとえば次のようにセマンティック・マップを利用できます。

　教材が地球の温暖化を取り扱っているような場合、教員は学習者に「温暖化」をキーワードとして与えます。次に学習者はそのキーワードから連想される語を、ブレインストーミング（brainstorming）により、つまり思いつくままアイデアを出し合うことで、できるだけ多くあげます。教員はそれを板書し、意味の上からグループ分けします。そしてアイデアが出尽くしたところで、学習者は板書された語から本文の内容を予測します。学習者が初心者ならば、セマンティック・マップで使用する語は日本語が中心になりますが、学習者の習熟度によっては英語で提示することで、pre-readingの課題とすることができます。

　また、本文に何が書いてあるかの予想はスキミング（skimming）によってもおこなわれます。スキミングは「流し読み」と訳されることがありますが、速読の1つの方法で本文の概略を素早く読みとるテクニックのことです。方法としては本文全体を文字どおり流し読むことの他に、教材次第では、タイトルやサブタイトル、あるいは要約や結論などを読む方法があり、これによって概略を知ることができます。いずれの方法にせよ、pre-readingの課題としてのスキミングですから、この方法によって学習者は本文の内容を推測し、その後でリーディングの作業に入ります。

　Pre-readingの課題として、学習者が討論することがあります。この場合、あらかじめ本文の内容に関係の深いテーマが与えられ、これにもとづき、グループやペアで学習者が討論します。そして、そのテーマについての興味や関心が高まってきたところで、本文を読み始めます。あるいは、テーマについて学習者が賛成意見と反対意見をディベート形式で論争することもあるでしょう。この場合、その論点が明らかになった段階で、決着の手段の1つとして、本文を読みます。

　なお、pre-readingの課題として、文字情報や言葉だけに限ることなく、写真、映画、絵図などを利用することも、興味を持たせる点で有効です。最近

の多くの教材には、各レッスンの始めにテキストの内容に関係の深いさまざまな絵図が描かれていたり、写真が掲載されていて、これについての課題があるのは、このためです。あるいは、音声を活用することでも同じ効果を得ることができるでしょう。教材に付属したこのような視覚的、あるいは聴覚的な副教材は是非利用したいものです。

◆ While-reading の課題

While-reading とはリーディングの途中に与えられる課題を意味します。この課題では学習者の注意は、教材の内容そのものに向けられます。目的として次の3つがあげられます。

1) 作者の意図を理解するのに役立てる。
2) 文や段落の組立を理解するのに役立てる。
3) 言語材料を理解するのに役立てる。

教材の単元の末尾に、学習の対象となっている語彙や文法項目を理解するための設問や、内容の真偽を問う質問がよく見られます。これらは典型的な while-reading の課題です。もちろん末尾にまとめて置かれることもあれば、読む進行にしたがって、適宜、欄外などに置かれることもあります。

通常、while-reading の課題は、内容的なものと単語や文法などの言語材料に関するものとの2つに分けられます。文の内容の理解に役立てる課題をマクロ的な課題と呼び、特定の語彙や文法事項を理解したり段落の構成などを理解したりするための課題を、ミクロ的な課題と呼ぶことがあります。

内容に関する課題については、明示的な質問、暗示的な質問、そして応用的な質問の3つに分けられます。

明示的な質問では、文中に文字として明示された内容について、正しく理解されているかが尋ねられます。暗示的な質問では、本文では明示されてはいないものの、内容から推測できることについて、正しく理解されているか

が尋ねられます。つまり、「行間を読む」ことがされているかどうか、あるいはその内容が正確かどうか問われます。明示的および暗示的な質問は、おもに yes-no で答える質問であったり、wh- で始まる疑問詞を使った質問であったり、正誤問題（True or False Question）であったりします。すなわち、特定の解答を学習者に要求する、収束性（close-ended）の高い質問が中心になります。

応用的な質問では、本文のテーマや論点が、読者の持つ社会的や文化的な通念の他、これまでの経験と照らし合わせて何を示唆するか、などについて尋ねることになります。したがって、応用的な質問については学習者によって回答が必ずしも同じではありません。つまり、明示的、暗示的な内容に関する質問と比較して、より発散性（open-ended）の高い質問となります。

While-reading の課題でも、しばしばフロウ・チャートが利用されます。この場合、すでに準備されたフロウ・チャートに適語を記入するという課題が学習者に与えられます。これは、教材の中心となるテーマと、それを支える下位のテーマが分かりやすく理論的に展開されている場合に、よく与えられる課題です。このような課題は、パラグラフ・リーディングと呼ばれる読み方のテクニックを学習者に習得させる上で有効です。フロウ・チャートは、与えられた教材の内容が論理的に展開されている場合の他、時間の流れに沿って物語形式に描写されているときにも利用できます。

また、賛否両論、原因・理由、比較・対照あるいは問題点と解決法などが明確に記述されている場合には、ディスコース・マーカー（discourse marker）を指摘しながら空欄を埋めるという課題を学習者に与えることができるでしょう。

さらに while-reading の課題では、以上のような文字で答える他に、絵図を利用することもできます。たとえば物語の流れを、指定されたコマ数で連続漫画に描くとか、あるいは物語の一場面における状況を絵図で描写することなどです。

これら while-reading の課題のうちでどれを学習者に与えるかは、対象となる教材によって随時選択することになります。しかし、いずれの課題を与え

るにせよ、読み進める過程での学習者の積極的で能動的な関与が期待されている点を見過ごすことはできません。

◆ Post-reading の課題

Post-reading とはリーディングの後に与えられる課題のことで、目的には次の3つがあります。

1) 教材の内容を復習し、これが正しく理解できているか確認する。
2) 教材の内容を自分のこれまでの知識や興味と関連づけることで、新たに形成された考え方や価値観を学習者が自ら確認できるようにする。
3) 言語材料の理解度を確認する。

この段階では、教材の内容や言語材料に対する学習者のリアクションが活動の中心になります。したがって、3段階のリーディング指導においては最も学習者中心型の学習活動が展開されます。

教材の内容に対する学習者のリアクションについては、読後の感想文を書かせるというのが、よく見られる方法です。さらに、ペア・ワークやグループ・ワークを取り入れて、討論、ディベート、ロール・プレイ、課題研究などの活動にも発展できます。こうすることで、学習者に内容の正しい理解を促すことができ、教員の立場からは理解度を確認できます。また、ライティング、スピーキング、そしてリスニングの活動にも結びつけられます。これは、タスクの統合化（task integration）という点からも、学習活動によりバラエティを持たせるという点からも、意義深いことです。なお、タスクの統合化とは、学習者のコミュニケーション能力を高めるために、リーディング、ライティング、スピーキング、リスニングという幅広い言語活動をとりまとめた課題の設定形態のことです。

また、言語材料についての post-reading の課題として、学習目標である語句や文法項目を使用して単文を作り、さらにそれをスピーチなどの活動に結

びつけることがよくおこなわれます。

◆ 特徴と展開

　以上で述べた3段階のリーディング指導には、次の3つの特徴があります。1つめは、それぞれの段階における課題の目的から明らかなように、学習者への興味づけの工夫と、学習者が内容を正確に理解するための工夫とが、3つの段階で同じように取り扱われている点です。学習者の注意を本文の内容そのものに向けさせ、興味や関心を持たせる一方で、未習の、あるいは既習であっても未定着の言語材料などへの配慮も、それぞれの段階でされます。

　2つめは、とくに pre-reading と post-reading の課題で顕著なように、発散性の要素を取り入れることで、授業の形態をより学習者中心型の形態に近づけようとしている点です。これにより教師中心型で、学習者が受け身になりやすい授業形態に変化を持たせようとしています。

　3つめは、リーディングの学習を単独で扱うのでなく、スピーキング、ライティングあるいはリスニングの学習と統合することで、学習者のより実践的で総合的な言語能力の育成を目指している点です。近年、英語教育において、実際に役に立つコミュニケーション能力の育成が目標としてますます重視されるなか、この点は重要です。

　次に、3段階のリーディング指導についての基本的な考えにそって、次にあるテキストを高校生用の教材と仮定して、pre-reading、while-reading、そして post-reading の課題の具体例をあげます。テキストの語数は全体で700 words で、ほぼ高等学校で使用する教科書の1課分の平均的な語数です。出典は Hickam, H. Jr. による *October Sky* (1999) で、部分的に本書筆者が手を加えています。

リーディング教材の例

October Sky

(Originally by Hickam, H. Jr., retold by Okita, Y.)

Part One

My mother woke me early that morning, Saturday, October 5, 1957, and said I had better get downstairs and listen to the radio.

"What is it?" I mumbled from beneath the warm covers.

"Come listen," she said with some urgency in her voice. I peeked at her from beneath the covers. One look at her worried frown and I knew I'd better do what she said, and fast.

There was only one radio station we could pick up in the morning. Usually, the only thing it played that early was rock and roll. What I heard that morning was a steady 1 beep-beep-beep sound. Then the announcer said the tone was coming from something called Sputnik. It was Russian and it was in space. Mom looked from the radio to me. "What is this thing, Sonny?"

I knew exactly what it was. All the science-fiction books and Dad's magazines I'd read over the years put me in good stead to answer.

"It's a space satellite," I explained. "2 We were supposed to launch one this year too."

She looked at me over the rim of her coffee cup. "What does it do?"

"It orbits around the world. Like the moon, only closer. It's got science stuff in it, measures things like how cold or hot it is in space. That's what ours was supposed to do, anyway."

"Will it fly over America?"

I wasn't certain about that. "I guess," I said.

3 Mom shook her head. "If it does, it's going to upset your dad no end."

Part Two

All day Saturday, the radio announcements continued about the Russian Sputnik. It seemed like each time there was news, the announcer was more excited and worried about it. There was some talk as to whether there were cameras on board, looking down at the United States, and I heard one newscaster wonder out loud if maybe an atomic bomb might be aboard.

When the radio reported that Sputnik was going to fly over where we lived, southern West Virginia, I decided I had to see it for myself. I told my mother, and pretty soon the word spread, ₄fence to fence, that I was going to look at Sputnik and anybody else who wanted to could join me in my backyard the evening it was scheduled to appear.

On the appointed night, Mom joined me in the backyard, and then other women arrived and a few small children, Roy Lee, Sherman, and O'Dell were there too. ₅It got darker and the stars winked on, one by one. I sat on the back steps, ₆turning every few seconds to check the clock on the kitchen wall. I was afraid maybe Sputnik wouldn't show up and even if it did, we'd miss it. ₇We got only a narrow view of the sky. I had no idea how fast Sputnik would be, whether it would zip along or dawdle. I figured we'd have to be lucky to see it.

Part Three

"Look, look!" O'Dell suddenly cried, jumping up and down and pointing skyward. "Sputnik!"

Roy Lee sprang to his feet and yelled, "I see it too!" and then Sherman whooped and pointed. I stumbled off the steps and squinted in the general direction everybody was looking. All I could see were millions of stars.

"There," Mon said, taking my head and sighting my nose at a point in the sky. Then I saw the bright little ball, moving impressively across the narrow star field between the ridgelines of the mountains around. I stared at it with no less rapt attention than ₈if it had been God Himself in a golden chariot riding overhead.

It soared with what seemed to me unpreventable and ₉dangerous purpose, as if there were no power in the universe that could stop it. I couldn't believe it. I felt that if I stretched out enough, I could touch it. Then, in less than a minute, it was gone.

It was a good hour before everybody else wandered off, but I remained behind, my face turned upward. I kept closing my mouth and it kept falling

> open again. I had never seen anything so marvelous in my life.
> That night, in my room, I kept thinking about...

　以上のような教材には、具体的にどのような pre-reading の課題、while-reading の課題、そして post-reading の課題が考えられるのでしょうか。

◎ Pre-reading の課題例

　Pre-reading の課題の例として、先ず教材についての予備知識を、学習者が自ら学べるような課題を設定しています。

> **1 ◆ Pre-reading-1　物語の背景を調べる**
> T：1957年10月4日に人類の科学史上で歴史的な出来事が起こりました。どの国がどんな目的で起こしたのでしょうか。また、それは当時の世界の情勢を考えると、どのような意味があったのでしょうか。

　第2次世界大戦直後の冷戦時代、当時のソビエト連邦とアメリカ合衆国は宇宙の覇権を握ろうとデッドヒートをくりひろげていました。おりしも、1957年10月4日、ソビエト連邦は人類初の人工衛星の打ち上げに成功しました。これがきっかけで、アメリカのある炭坑町に住む高校生は、何を思い、何をしようと思ったのか、このテキストは語っています。

　上のような課題を与えられた学習者は、当時の新聞の縮刷版やマイクロフィルムなどの資料から、本文を読む前にテキストで扱われている出来事を知ることができます。また、この出来事に対するアメリカの反応を学習者が考えることによって、さらには考えたことを学習者間で交換することによって、テキストを読むことへの期待感や興味も高められるでしょう。

　次にある pre-reading の課題では、物語の展開を学習者に予想させることで、学習者の教材への関心を高めようとしています。

2 ◆ Pre-reading-2　物語の展開を予想する

T：1957年10月4日、当時のソビエト連邦が人類初の人工衛星の打上げに成功しました。本文で作者は少年時代を回顧し、このような歴史的な出来事に対する当時のアメリカ社会の反応と、本人自ら空行く人工衛星を見て思ったことを物語風にまとめています。本文の物語の展開を、下記に示す昭和32年10月5日の新聞（夕刊）に掲載された記事（要約）と、この物語で実際に使用されている「本文で使われている語句や文（順に）」から想像して下さい。そしてそれを日本語でまとめてみましょう。

【ロンドン4日発＝AP】モスクワ放送は4日、英語放送で、タス通信の発表としてソ連が同日、世界で最初の人工衛星の打ち上げに成功したと報じた。現在、人工衛星は楕円軌道に沿って地球の周囲を回っており、ごく簡単な光学機器により、日の出および日没時の太陽光線で観測することができる。

人工衛星は直径58cm、重量83.6kgの球体である。それには間断なく周波数20.005および40.002メガサイクルの信号を出す無線発信機が2台搭載されている。発信機からの信号はアマチュア無線家によっても十分受信できるほど強力なものである。（朝日新聞昭和32年10月5日夕刊から）

「本文で使われている語句や文（順に）」

October 5, 1957,
listen to the radio,
a beep-beep-beep sound,
a space satellite,
fly over America,
I decided I had to see it.
"Look, look!"

> I saw the bright little ball.
> I had never seen anything so marvelous in my life.

　この課題のポイントは、物語の流れを学習者が予想することで、読むことへの興味を深めることにあります。ここでは、文字情報をヒントにしていますが、教材の内容次第で他に絵図や写真を使っても、同じ効果を得ることができます。

　上の活動では、学習者は自由に物語の展開を予測しますが、その予想が本文の流れと一致している必要はありません。学習者は自分の予測が、はたしてどの程度、内容と一致しているかを確かめながらテキストを読むでしょう。これがこの種の課題の一番のねらいです。

　また、ここでは、ライティングの活動をリーディングの授業に取り入れています。学習者が各自ライティングしたことを口頭で発表することで、いっそう発展的な言語活動が可能になります。このように、リーディングの学習要素にライティングやスピーキングなど他の要素も取り入れることは、タスクの統合化という観点からも大切なことです。

　なお上の活動では学習者は物語の展開を予想し、これを英語でまとめています。到達度に応じて日本語でまとめることもあるでしょう。

　Pre-reading の課題では、言語材料に対する予備的な学習も忘れてはなりません。次の例では、語彙についての予備的な学習がおこなわれています。

3 ◆ Pre-reading-3　難しい語句の意味を考える

●本文に使われている下記の語や句の意味を、次の例文から考えてみよう。

no end :
　　I hadn't seen her for such a long time. So I was glad <u>no end</u> when we met at the class reunion.

> dawdle :
>   Stop <u>dawdling</u> and get to work right now. The deadline is only a few hours away.
> stumble :
>   While runnning, I hit a rock. I <u>stumbled</u> and almost fell over.

　これは、教材のなかの言語材料についての課題です。他に文法項目や語彙が課題の対象となります。なお語彙の学習については、第6章でさらに詳しく述べています。

◎ While-reading の課題例
　次にあるのは while-reading の課題の例ですが、ミクロ的なものからマクロ的なものまで3つ紹介します。

4 ◆ While-reading-1　ミクロ的なもの

●次の日本語は本文中ではどのような英語で表現されていますか。
(Part One から)
　それが何であるかは、私はちゃんと分かっていた。
(Part Two から)
　それを自分で是非見なければと思った。
(Part Three から)
　それまでの人生のなかで、そのような素晴らしいものを見たことがなかった。
●次の内容のことは、本文中ではどのような英語(1語)で表現されていますか。
　*the situation in which something important has happened and there is no time to lose,
　*go on doing something again and again,
　*move so quickly that you cannot see anything very well,
●下線部3から、当時のどのような様子がうかがえますか。また、この

doesを他の英語で言い換えて下さい。
●下線部4について、うわさは、どのように伝わったのでしょう。また、まわりの家々のどのようなつくりが想像できますか。
●下線部5について、このような光景を実際にあなたが経験したとして、これを5－7－5の文字からなる俳句に読んでみましょう。
●下線部6から、作者のどのような心理状態が推察できるでしょうか。
●下線部8について、あなただったらSputnikの飛行する様子を、何にたとえ、それをどのような英文で表現しますか。

上の活動はミクロ的な課題です。他に指示代名詞や人称代名詞の指す内容についての質問などが考えられます。

次の例では、ややマクロ的な要素が取り入れられています。

5 ◆ While-reading-2　ややマクロ的なもの

●次の質問に対する答えを考えましょう。
（Part One から）
　母親がその朝、主人公を起こしたのはどうしてですか。
（Part Two から）
　ソ連の人工衛星の成功を伝える当時のマスコミの混乱の様子は、本文ではどのような箇所に暗示されていますか。
（Part Three から）
　主人公がスプートニクを見たときの感激は、どの部分に描写されていますか。
●本文の内容についての質問を3つ考えて下さい。後で隣の人と質問し、解答し合います。自分の質問には、あらかじめ解答を考えておきましょう。
●下線部1について、これは何の音ですか。
●下線部2について、これから何が想像されますか。同じことを暗示する文章を、同じPart Oneから見つけましょう。
●下線部7について、どのような障害物があったからですか。

●下線部9について、どうして"dangerous"と主人公は思ったのでしょうか。

1つ前の例と比較すると、上の課題はややマクロ的になります。課題への解答を求めて学習者の注意は、特定の箇所の特定の単語や文法事項などからはなれて、段落や文章レベルなどのより広範囲な部分に向けられます。

次の活動では、学習者はさらに内容についての深い読みが要求される応用問題に取り組むことになります。

6 ◆ While-reading-3　マクロ的なもの

● (Part One から) スプートニクの成功を伝える当時のアメリカの新聞記事はどんなものであったと想像できますか。その内容を100字程度の日本語で書いて下さい。
● (Part Two から) 主人公が、予定時刻になってもスプートニクを見られるか不安に思った理由は、何だったのでしょうか。
● (Part Three から) スプートニクを実際に見たその晩のことを、作者になり代わり日記にまとめて下さい。100字程度で書きましょう。

上の活動では、1つ前の例よりもさらにマクロ的な傾向が強まっています。マクロ的な要素が強まるにつれ、全体としての意味が把握できていることが前提となります。また、ミクロ的な課題と比較すると発散性の傾向が高まり、学習者の解答はより多様になります。

◎ Post-writing の課題例

次にある post-reading の課題では発散性の要素がいっそう高められます。

7 ◆ Post-reading　学習者中心型で発散的

●本文の最後は、"I kept thinking about ..."で終わっています。この後に続く文章を50語程度の英語で創作し、それを発表してみましょう。
●下にあるのは作者の1999年の写真です。少年時代の本文のような経験がきっかけとなって、作者は後にどのような仕事に就いたと思いますか。

（答え：NASAのエンジニア）

●これまでの人生を振り返ると、あなたにもきっとこの物語のように感動的な経験や出会いがあったに違いありません。そのことがその後の人生でどのような影響を持ったのか考えて、英語の文章にまとめてみて下さい。
●あなたなら本文には、どのようなサブタイトルをつけますか。15語程度の英語で考えて見ましょう。
●本文で使用された次の5つの単語や表現から、少なくとも3つ選び、本文とはまったく関係ない4から5の文からなる筋のとおった文章を作成しなさい。

　　　　marvellous, no end, all I could do, be supposed to, unpreventable,

このように課題の発散性が高まれば、それだけ学習者中心型の傾向が強まります。また、リーディングだけでなくライティング、スピーキングなど他の活動と統合した活動が可能となります。

§ 3 ● パラグラフ・リーディング

　リーディングの授業をより効果的におこなうための方法として、学習者の興味づけの立場からアプローチしたのが、3段階のリーディング指導でした。次に取り上げるパラグラフ・リーディングは、とくに論説型の英文を読むための指導方法です。

◆ パラグラフ・リーディングと英語のロジック

　18世紀の昔、ベンジャミン・フランクリンは印刷工として働きながら、このパラグラフ・リーディングにより、限られた時間で文章を読みとるようになったということです。

　パラグラフ・リーディングが着目されるようになった背景には、英語のリーディングのねらいが、語彙や文法の知識を深めるというミクロ的な視野にたった言語面の学習よりも、以前にもまして、マクロ的な視点から内容を的確に把握するという、読むこと本来の目的に移行してきたことがあげられます。内容を限られた時間内に的確に理解するためには、英語教育の場でこれまでよくおこなわれてきた逐語訳する能力とは別の読み方が要求されます。

　もともと英文のパラグラフに見られるロジックの展開には、日本語で書かれた文には見られない特徴があります。このロジックの展開の特徴を知り、これをヒントに手際よく書き手の言いたいことを把握しようというのが、パラグラフ・リーディングの考え方です。なお、最近の日本語の文章のなかには、英語の場合と同じようなロジックの展開で書かれた文章を、見かけるようになりました。

　それでは英文のパラグラフに見られるロジックの展開には、どのような特徴があるのでしょうか。論説文のパラグラフに見られるロジックの展開の特徴を、ここでは単一のパラグラフでの場合と、複数のパラグラフが集まって

1つのまとまった文を構成する場合（以下エッセイと呼ぶ）に分けて説明します。

◎単一パラグラフにおけるロジック展開の特徴

先ず具体例をあげ、これにもとづいて、単一パラグラフにおけるロジックの展開の特徴を説明しましょう。

― 単一パラグラフにおけるロジック展開の実例 ―

High school teachers have many things to do. They spend a lot of time preparing for usually three or four different subjects. During homeroom periods, students come and talk to the teachers about their school work. Some teachers also coach a sports team after regular classes, sometimes even on weekends. Other teachers may visit places to arrange field-trips for students. In short, teachers have many duties. But they usually find them worthwhile.

単一のパラグラフでは1つの main idea（何らかのテーマに関する書き手の意見や主張）が、Topic Sentence、Supporting Sentence(s) そして Concluding Sentence と呼ばれる3つの種類の文章により展開されています。

◎ Topic Sentence

Topic Sentence によって main idea が提示されています。パラグラフは何について書かれてあるのか、そしてそれについて書き手の意見や主張はどうなのかを述べた Topic Sentence は、たいていはパラグラフの最初に位置します。上の例では、Topic Sentence は次のとおりです。

Topic Sentence :

High school teachers have many things to do.

この文章により、このパラグラフのテーマは "high school teachers" についてであり、書き手の意見によれば "High school teachers have many things to do." であることがわかります。

◎ Supporting Sentence(s)

　Supporting Sentence(s) によって、main idea に関する詳細な情報が、具体例や事実とともに読み手に与えられます。これにより、書き手の訴えたいことがらの正当性や妥当性が、さらに説得力を持つことになります。上の例では、Supporting Sentence(s) は 1 から 4 まであり、それらは以下のとおりです。

Supporting Sentence 1：
　They spend a lot of time preparing for usually three or four different subjects.
Supporting Sentence 2：
　During homeroom periods, students come and talk to the teachers about their school work.
Supporting Sentence 3：
　Some teachers also coach a sports team after regular classes, sometimes even on weekends.
Supporting Sentence 4：
　Other teachers may visit places to arrange field-trips for students.

◎ Concluding Sentence

　Concluding Sentence では Topic Sentence で提示された main idea が姿を変えて、つまり違った表現や語句により、再度提示されることになります。これによって読み手はパラグラフの終了を知ることができます。なお、Concluding Sentence に続いて、Concluding Comment が続く場合がありますが、これにより main idea への書き手の最後の意見が添えられます。上の例では、Concluding Sentence と Concluding Comment は次のとおりです。

Concluding Sentence：
　In short, teachers have many duties.
Concluding Comment：

But they usually find them worthwhile.

3つの種類の文章を図示すると、図1のようになります。

Topic Sentence

Supporting Sentence 1

Supporting Sentence 2

⋮

Concluding Sentence

(+Concluding Comment)

図1　単一パラグラフのロジックの展開

以上のように英語で書かれた文章では、とくにロジックの流れを大切にして書かれている場合、パラグラフの構成にはかなりはっきりとした特徴が見られます。

◎エッセイを構成する複数のパラグラフの特徴

先ず具体例をあげ、これにもとづいて、エッセイを構成する複数のパラグラフの特徴を説明しましょう。

複数のパラグラフにおけるロジック展開の例

Why New Zealand?

New Zealand is one of those countries in the world which are popular among travellers. The number of Japanese visiting this country seems to have been increasing all the time. And I was always wondering why. Last year, I stayed in the country for a couple of months and during that time I also travelled to various places. As might be expected, I saw lots of Japanese tourists everywhere I went. And I seem to have found the reasons for the popularity of the country.

This country is really quite safe and full of natural beauty. Let me elaborate on that.

To realize the safety of this country, I only had to be in New Zealand a few days. First, I didn't seem to hear so often as in Japan news of violent crimes, like brutal murders or armed robberies. They are becoming commonplace in big cities in Japan. Next, I didn't feel I had to be careful not to be involved in an unwanted situation even if I walked alone late at night, say, in downtown Auckland, the biggest city in this country. These two things are enough to tell how safe this country is.

Nature seems to be well preserved and protected in this country. Have you ever imagined the ratio of the whole area of national parks altogether to the entire land of New Zealand? More than one-third of the land. Moreover, besides national parks, there are many places of scenic beauty and you don't have to go far from a big city to appreciate the scenery of some of these parks. One hour drive from the hustle and bustle, and you are right in one of them. New Zealand itself is a beauty.

Usually there are two concerns most travelers have in common. Is it safe, and is it as beautiful as is said? There seem to be few countries in the world that can satisfy those two at the same time. New Zealand is definitely first and foremost. And if you are a gourmet, you will always find a food court or two in a city shopping district where you can taste unique cuisine from all over the world.

複数のパラグラフがまとまって１つのエッセイを構成している場合、パラグラフは、Introductory Paragraph, Body Paragraph(s) そして Concluding Paragraph の３つの部分に分けられます。

◎ **Introductory Paragraph**
Introductory Paragraph はエッセイの最初に位置し、General Statement と

Thesis Statement とが含まれていますが、単一パラグラフにおける Topic Sentence の役目をになります。General Statement とはエッセイのテーマについての一般的な情報で、読み手に読みたいという興味を与えます。Thesis Statement は通常 Introductory Paragraph の最後に位置し、エッセイのテーマについての書き手の意見や主張が提示されています。上の例では General Statement と Thesis Statement は次のとおりです。

    General Statement :
      New Zealand is one of those countries...for the popularity of the country.
    Thesis Statement :
      This country is really quite safe and full of natural beauty.

　例としてあげた Introductory Paragraph から分かるように、General Statement から Thesis Statement へ移るにつれて、話の焦点が次第に書き手の言いたい点に収束しています。つまりマクロ的な視点から、書き手個人のよりミクロ的な視点に移行し、これ以上マイクロ化できないところが Thesis Statement です。
　具体的には話の内容が、図2のように次第に狭められています。

    ニュージーランドは人気の観光スポットで世界中から人が訪れる。
      最近、ここを訪れる日本人の数も多くなっているようだ。
        私も滞在中にいろいろな場所を旅行した。
          どこへ行っても日本人を見かけた。
            人気の秘密がやっと分かった。
              安全で美しいからだ。

図2　Introductory Paragraph における論点の収束化

◎ **Body Paragraph(s)**

　Body Paragraph(s) は、単一パラグラフにおける Supporting Sentence(s) と同じ働きをし、事実や具体例を提示することで書き手の論点に説得力を持たせます。それぞれの Body Paragraph(s) には Topic Sentence と Supporting Sentence(s) があります。Concluding Sentence は必ずしもあるとは限りませんが、あったほうがリーダー・フレンドリーであるに違いありません。

　上の例では Body Paragraph(s) は2つありますが、それぞれの Topic Sentence と Concluding Sentence は次のとおりです。

Topic Sentence:
　*To realize the safety of this country, I only had to be in New Zealand a few days.
　*Nature seems to be well protected and preserved in this country.
Concluding Sentence:
　*These two things are enough to tell how safe this country is.
　*New Zealand itself is a beauty.

◎ **Concluding Paragraph**

　Concluding Paragraph はエッセイの最後に位置し、論点が整理され要約されています。これにより読み手は、エッセイがいよいよ終結に近づいていることが分かります。そして多くの場合、補足的な情報、提案そしてある特定の意見への反論を加えることで、書き手は自分の意見にいっそう説得力を持たせ、エッセイを終えます。上の例にあげたエッセイでは、補足的な情報は次の文章に見られます。

　　And if you are a gourmet, you will always find a food court or two in a city shopping district where you can taste unique cuisine from all over the world.

　したがって、エッセイとそれを構成する3種類のパラグラフは、図3のように表すことができます。

```
┌─ Introductory Paragraph ─┤ General Statement
│                          │       +
│                          │ Thesis Statement
│
│                          ┌ Topic Sentence
│                          │       +
│                          │ Supporting Sentence
│                          │       +
│                          │ (Concluding Sentence)
├─ Body Paragraphs ────────┤
│                          │ Topic Sentence
│                          │       +
│                          │ Supporting Sentence
│                          │       +
│                          │ (Concluding Sentence)
│
└─ Concluding Paragraph ───┤ Concluding Sentence
```

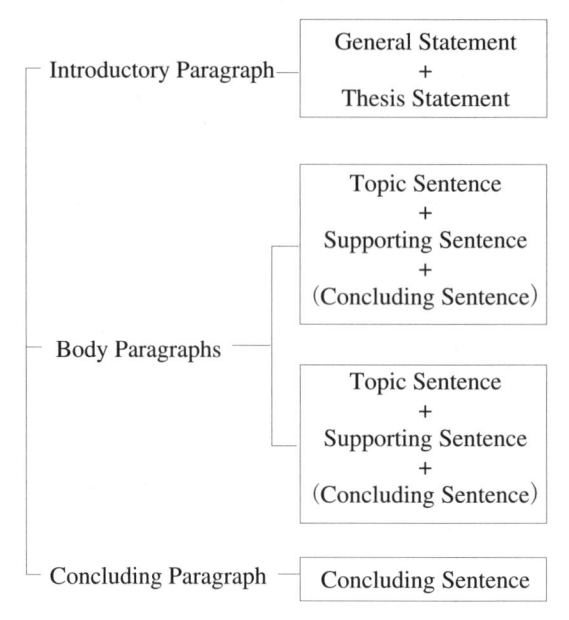

図3　エッセイを構成するパラグラフのロジックの展開

◆パラグラフ・リーディングの学習

　英語のパラグラフの特徴を、そのロジックの展開から明らかにしました。この特徴を熟知し利用することで、与えられた英文の内容を効率よく理解しようというのがパラグラフ・リーディングです。これは、英文で書かれた内容を把握する1つのテクニックであり、学習者に習得させたいものです。

　パラグラフ・リーディングをする上で、とくに大切なのが、単一パラグラフにおいては Topic Sentence と Supporting Sentence(s) の特徴を知ることであり、エッセイにおいては Introductory Paragraph と Body Paragraph(s) の特徴を知ることです。これらの特徴を学習者に気づかせるにはどうすればよいのか。その具体例を次に示します。

8 ◆ Topic Sentence の役割を学習する

T：次のパラグラフを読んで main idea、つまりテーマ（何についてか）とそれについての書き手の意見（言いたいことは何か）を指摘し、それらが端的に述べられている文章に下線を引きましょう。

Sachy is very health-conscious. For exercise, she walks or rides her bicycle to work every morning, even when it rains. And she is careful about what she eats and avoids food with too much fat. She also never stays up late. She wishes to keep healthy. I really hope she stays well for years.

この活動からテーマは「Sachy」であること、そして「Sachy はたいへん健康に関心がある」ことが書き手の言いたいことだと分かります。これらの情報はパラグラフの冒頭に位置する文章、すなわち Sachy is very health coscious. に述べられています。この文が Topic Sentence です。

さらに本、雑誌、そして新聞などから適切なパラグラフを1つ選び、そのなかの Topic Sentence はどれか、そしてそのなかに書かれているテーマと書き手の意見や主張を見つけることで、学習者は Topic Sentence の役割と Topic Sentence のパラグラフ内での位置を確認できます。

また Supporting Sentence(s) の役割を、学習者は次のような活動によって知ることができます。

9 ◆ Supporting Sentence(s) の役割を学習する

T：次のパラグラフを読んで太字部の Topic Sentence と、下線部1）、2）、3）とがどのような関係にあるかを考えてみましょう。

Sachy is very health-conscious. 1) <u>For exercise, she walks or rides her bicycle to work very morning</u>, even when it rains. 2) <u>And she is careful about what she eats</u> and avoids food with too much fat. 3) <u>She also never stays up late.</u> She wishes to keep healthy. I really hope she stays well for years.

この活動によって Topic Sentence の内容が、波線部の Supporting Sentences でさらに詳しく具体的に説明されていることが、学習者は理解できるでしょう。

　さらに次の活動によって Topic Sentence と Supporting Sentence(s) の関係を確認できます。

---

10 ◆ Topic Sentence と Supporting Sentence(s) の関係を学習する

T：以下の４つの文章は、概ねどうまとめられるかを考えてみましょう。

　My father likes football very much.
　My mother is a great baseball fan.
　My sister is fond of basketball.
　I often play volleyball.
これらの文章は、
　　My family _____ とまとめられる。

　下線部には "like sports very much." などが入りますが、Topic Sentence = My family like sports very much. は概要であり、それをさらに詳細に説明する部分が Supporting Sentence(s) であることが、学習者は分かるでしょう。

　もちろんパラグラフとしては、たいていは冒頭に My family like sports very much. が位置し、そのあとに My father likes football ... 以下が続くことになります。

　さらに本、雑誌、そして新聞などから適切なパラグラフを１つ選び、そのなかの Topic Sentence はどれか、そしてそれをさらに詳しく説明している Supporting Sentence(s) はどの部分かを見つけることで、学習者は Topic Sentence と Supporting Sentence(s) の関係を確認できるでしょう。

◎エッセイの場合

　エッセイにおける Introductory Paragraph の役割を学習することは、図 2 の「Introductory Paragraph における論点の収束化」を理解することに他なりません。それには次のような活動が考えられます。

---
11 ◆ Introductory Paragraph の役割を学習する

　T：次の順不同の 4 つの英文を、書き手の意見が次第に収束するように並び替えましょう。

1) Children also grow up enjoying watching television at home, quite often for many hours a day.
2) Actually, television may have a bad influence on the psychological development of children in three ways.
3) But there are programs and programs. Some are educational and others are not.
4) Television began to enter our life in the 60's. Since then, watching television has become a way to fill leisure time for most people.

　正しい順は、4）—1）—3）—2）になります。言いたい点は「テレビが大衆の娯楽として定着したこと」→「子供も例外でなく、多くの時間をテレビを見て過ごすこと」→「しかし、番組もいろいろで、教育的なものもあればそうでないものもあること」→「実際、3 つの点で子供の成長にテレビは悪影響を与えていること」の順に、書き手の言いたいことに向かって収束しています。

　この活動によりエッセイの最初に位置する Introductory Paragraph では、先ず概要的な記述から始まり、書き手の言いたい点に向かって論点が収束していることを学習者は知ることができます。さらに、収束した論点については、Introductory Paragraph に続く Body Paragraph(s) のなかで、個別に詳しく述べられていることが、Introductory Paragraph と Body Paragraph(s) の関係を知っ

ていれば、十分に予想できます。
　Introductory Paragraph と Body Paragraph(s) の関係を学習するには、次のような課題を学習者に与えることができます。

> **12 ◆ Introductory Paragraph と Body Paragraph(s) の関係を学習する**
>
> T：あるエッセイの Introductory Paragraph は次のとおりだとします。これに続く Body Paragraph(s) はいくつあり、それぞれ、どのようなことが書かれてあると予想されますか。
>
> Television began to enter our life in the 60's. Since then, watching television has become a way to fill leisure time for most people. Children also grow up enjoying watching television at home, quite often for many hours a day. But there are programs and programs. Some are educational and others are not. Actually, television may have a bad influence on the psychological development of children in three ways.

　上の Introductory Paragraph の例は "...in three ways." で終わっています。したがって、これに続く Paragraphs は3つあることが想像できます。そして、それぞれの Body Paragraph(s) では、テレビが子供の正常な発育を妨げていると書き手が考えている3点が1つ1つ、詳しい具体例とともに述べられているに違いありません。
　具体例はさておいて、とりあえず3つの問題点だけを知りたいと思うならば、それぞれの Body Paragraph(s) の冒頭の部分に、目をやればすむことかもしれません。

◎「シグナル」とは何か
　英語のロジックの展開を説明する場合、「シグナル」とか「マーカー」という言葉がよく使用されます。それぞれ英語では transition signal、そして discourse marker と呼ばれます。これらは等位接続詞（and, but, for, so,...）、従

属接続詞（although, since, as, because,...）、そして sentence connector と呼ばれる first of all, in addition, also, for example, therefore, in conclusion などの副詞（句）を総称するもので、他に、「つなぎの語句（linking words）」と言う場合もあります。

表1　シグナルの機能とその機能を持つ語句

機能	sentence connectors	等位接続詞	従属接続詞
列挙	first（second, etc.） first of all then next finally to begin with		
追加	furthermore in addition moreover	and	
対比	on the other hand however on the contrary	but	although even though
強調	indeed above all in fact		
類似	similarly likewise also	and	
例示	for example for instance		
理由		for	because since as
結果	therefore consequently as a result	so	
結論・要約	in conclusion in brief in short		

Based on Oshima and Hogue（1988：83）

シグナルの機能はいくつかに分類されますが、その機能とそれに分類されるおもなシグナルは、表1のとおりです。

先に、英文のパラグラフに見られるロジックの展開の特徴について説明しました。このシグナルは、単一のパラグラフ内やエッセイにおける各パラグラフ間のロジックの展開を明確にするという重要な働きをしています。したがって、それぞれのシグナルの機能を知っておくと、次に続く内容を予測することができるので、読者にとってたいへん有効なリーディング・ストラティジーとなります。

§ 4 ● スキミングとスキャニング

スキミング（skimming）とスキャニング（scanning）は、ともに速読のテクニックですが、それぞれにはどのような特徴があるのでしょうか。

◆ スキミング

私たちは日常生活のなかで、さまざまな読み方によって必要な情報を入手しています。契約書の確認をするときのように、最初から最後まで一言一句を熟読しなければならない場合もあります。しかし、大まかな内容だけを把握したいときや、読む時間が限られているときなどは、熟読するときとは違った読み方をします。このような場合、概略だけをすくい読みしますが、この時の速読のテクニックを、とくにスキミングと呼んでいます。

たとえば1つのパラグラフについて、そのテーマと書き手の意見や主張を概観しさえすればよいとき、パラグラフのなかの Topic Sentence や Concluding Sentence を読むだけで事足ります。Supporting Sentence(s) には目をとおす必要はないかも知れません。エッセイについても同じで Introductory Paragraph と Concluding Paragraph を読むだけで十分で、わざわざ

Body Paragraph(s) に書かれた情報まで必要としないかも知れません。

　このように、速読のテクニックとしてのスキミングは、英文におけるロジックの展開に基づいたパラグラフ・リーディングに負うところが大きいとも言えます。もちろん、読むものすべてがパラグラフ・リーディングによりスキミングできるとは限りません。

　通常の読みの作業では、ある程度の速度を保ちつつ、70％から80％という高水準の理解度がともなわねばならないと考えられています。しかしスキミングにおいては理解度は50％から60％で十分であり、もしこの値が平均して70％から80％であるなら、スキミングと言うには読み方が深すぎることになり、反対に30％から40％であれば、浅すぎることになります。

　スキミングの速度については、概ね通常の2倍程度とされています。表2は、アメリカでの小学校5年生の読む速度と理解度について、まとめたものです。

表2　米国の小学5年生の読む速度と理解度

読み方の種類	1分間の語数	理解度（％）
ゆっくりした読み方：文章が難しい時や深い理解が望まれる時	75～150	80～90
通常の読み方：雑誌や新聞の他、容易な文章を日常的に読む時	125～250	70
速い読み方：速読が必要とされスキミングする時で、意図的に理解度が下げられる	400以上	50

Based on Fry, E.（1989：10）

◆スキャニング

　速読のテクニックとしてスキミングの他に、スキャニング（scanning）があります。2つはどの点が異なっているのでしょうか。

13 ◆ Scanning を学習する

　学習者に先ず、下に示したような新幹線の時刻表を配布します。次に、課題1と課題2とを与えます。学習者は、課題に対する答えを、時刻表から読みとります。

第1章●リーディングの指導　37

課題1　東京での会議は午後4時に終了します。それからすぐ間に合う新幹線に乗って新潟に到着するのは何時何分ですか。

課題2　新潟を出て長野で午後6時に友達と会う約束をしています。新潟を出発するのに遅くとも何時何分の新幹線に乗らねばなりませんか。途中、高崎で長野行きに乗り換えます。

新幹線の時刻表

④　TOKYO — NIIGATA・NAGANO

Station			A 523	MTa 449	T 325	A 559	MT 327	MTa 451	MT 329	A 525	MT 407
Tokyo	東京	Lv.	1548	1600	1620	1628	1640	1700	1720	1728	1740
Ueno	上野	Lv.	1554	1606	↓	1634	1646	1706	1726	1734	1746
Omiya	大宮	Lv.	1614	1626	1645	1654	1706	1726	1746	1754	1806
Kumagaya	熊谷	Lv.	↓	1641	↓	1708	↓	1741	↓	↓	1821
Honjo-Waseda	本庄早稲田	Lv.	↓	↓	↓	1719	↓	1752	↓	↓	1837
Takasaki	高崎	Ar.	1646	1657	1710	1728	1733	1802	1811	1819	1846
Takasaki	高崎	Lv.	1647	‖	1729	‖	‖	‖	‖	1820	‖
Annaka-Haruna	安中榛名	Lv.	↓	‖	‖	1738	‖	‖	‖	↓	‖
Karuizawa	軽井沢	Lv.	1704	‖	‖	1751	‖	‖	‖	1837	‖
Sakudaira	佐久平	Lv.	1714	‖	‖	1800	‖	‖	‖	1846	‖
Ueda	上田	Lv.	1724	‖	‖	1810	‖	‖	‖	1856	‖
Nagano	長野	Ar.	1736	‖	‖	1823	‖	‖	‖	1909	‖
Takasaki	高崎	Lv.		1658	1711		1734	1803	1812		1847
Jomo-Kogen	上毛高原	Lv.		1715	↓		↓	1820	↓		1905
Echigo-Yuzawa	越後湯沢	Lv.		1729	1738		↓	1834	1839		1919
Urasa	浦佐	Lv.		=	↓		1811	=	1852		1932
Nagaoka	長岡	Lv.			1801		1825		1907		1947
Tsubame-Sanjo	燕三条	Lv.			↓		1836		1917		1958
Niigata	新潟	Ar.			1821		1850		1931		2011

④　NIIGATA・NAGANO — TOKYO

Station			A 520	MTa 446	MT 324	A 556	MT 326	A 522	MTa 448	MT 404
Niigata	新潟	Lv.			1449		1522			1542
Tsubame-Sanjo	燕三条	Lv.			1503		1535			1555
Nagaoka	長岡	Lv.			1514		1547			1607
Urasa	浦佐	Lv.			1529		↓			↓
Echigo-Yuzawa	越後湯沢	Lv.		1518	1543		1611		1614	1635
Jomo-Kogen	上毛高原	Lv.		1532	↓		↓		1629	1649
Takasaki	高崎	Ar.		1549	1610		1636		1645	1705
Nagano	長野	Lv.	1454	‖	‖	1521	‖	1553	‖	‖
Ueda	上田	Lv.	1507	‖	‖	1534	‖	1606	‖	‖
Sakudaira	佐久平	Lv.	1518	‖	‖	1545	‖	1617	‖	‖
Karuizawa	軽井沢	Lv.	1528	‖	‖	1555	‖	1627	‖	‖
Annaka-Haruna	安中榛名	Lv.	↓	‖	‖	1606	‖	↓	‖	‖
Takasaki	高崎	Ar.	1647	‖	‖	1615	‖	1647	‖	‖
Takasaki	高崎	Lv.	↓	1550	1616	1616	1637	↓	1646	1706
Honjo-Waseda	本庄早稲田	Lv.	↓	↓	↓	1626	↓	↓	1657	↓
Kumagaya	熊谷	Lv.	↓	1606	↓	1636	↓	↓	1707	1723
Omiya	大宮	Ar.	1610	1622	1638	1650	1702	1710	1722	1738
Ueno	上野	Ar.	1630	1642	1658	1710	1722	1730	1742	1758
Tokyo	東京	Ar.	1636	1648	1704	1716	1728	1736	1748	1804

スキャニングも速読のテクニックの1つですが、スキミングとは次の3つの点で異なっています。

　先ず、スキミングは概要を把握するためのテクニックであるのに対して、スキャニングは、読者が必要とするある特定の情報だけを探し読みするテクニックです。たとえば、新聞のTV番組欄から特定の番組が放送される時間や放送局を知りたいときや、列車の時刻表から特定の列車の出発時間などを知りたいとき、番組欄や時刻表を最初から最後まで見る人はいません。このように必要な情報だけを、拾うようにして読みとるのがスキャニングです。

　第2に、スキミングでは読者には、これから読む内容についての十分な知識はありません。これに対してスキャニングではたいていの場合、ある程度の知識があります。特定の番組の放送が開始される時間や放送局を知りたいとき、新聞のTV番組欄をみるのは、そこには何が書いてあるかを読者が前もって知っているからに他ありません。また読者はスキャニングする内容が、何らかの論理的な順序で構成されていることだけでなく、それがどのような順序かも知っていることが多いのです。たとえばTV番組欄は、局別に時間を追って構成されているのがあらかじめ分かっています。

　第3に、スキミングでは概要を知ることが目標ですので、正確度は100%である必要ありません。しかしスキャニングにおいては、特定の事項に対して知りたいと思う情報は、100%正確なものであることが要求されます。

　スキミングとスキャニングとの違いを説明しましたが、契約書の確認やTV欄を読むときは別として、普段の速読の作業ではスキミングとスキャニングのテクニックを全く独立して使っているわけではありません。両方を適宜、組み合わせながらおこなっています。

第2章 ライティングの指導

§ 1 ● 概説

◆作文からコミュニケーション活動としてのライティングへ

　かつて英語教育の一環として広くおこなわれてきた作文と呼ばれる学習活動では、学習者は指定された語句や文法項目を使って、与えられた日本文を英語に置き換える課題に取り組みました。そして、書かれた英文は、先ず語彙や構文が適切に使用されているかどうかが、評価の対象となりました。これは、作文という学習活動が、語彙や文法の発展的な学習の一部と考えられていたことを思うと、当然であったかも知れません。

　しかし、いくら言語的な学習が中心であったにせよ、このような方法に固執することは、英語で文章を綴る本来の姿ではありません。このことは、L1における日頃のライティング活動を考えると、すぐに理解できます。

　本来のライティングとは、近くにいる人であれ、遠くにいる人であれ、あるいは、既知の人であれ、未知の人であれ、彼らを読み手として何かを伝えるために文を作ることを意味します。このように、書いて伝えるという文章を綴る本来の姿を学習内容とした活動を、とくにコミュニカティヴ・ライティング（communicative writing）と呼んでいます。

　今日の英語教育の大きな目標は、学習者のコミュニケーション能力を育成

することです。コミュニカティヴ・ライティングという言葉をよく耳にするのはこのためです。近年、英語教育の分野でライティングと言うときは、このコミュニカティヴ・ライティングを指すことがよくあります。この場合、言語的な学習の延長上にある作文、つまりコンポジション（composition）とは明確に区別し、言語教育における1つの独立した分野として扱います。1つの独立した分野ですので、当然ながら、それ独自の理論を背景にした指導方法があります。本章で詳しく説明する3つの段階を踏んだライティング活動やプロセス・ライティングという考え方も、コミュニケーションの手段としてのライティング能力をどうすれば高めることできるか、という視点から考えられた指導方法と言えます。

　また、最近のコミュニケーション指向の英語教育において、実際には次のような2つの点に配慮されながら、学習者にライティングの課題が与えられます。

① 学習者が風景や人物などを描写したり、時間の流れに沿って物語や事件を叙述したり、あるいは自分の意見や主張を陳述したりすることで、自己を表現する活動が多く取り入れられる。
② ライティングの活動を単独でなく、リーディング、リスニング、スピーキングなど他の能力と関連づけて扱う。たとえば、リーディングやリスニングの活動により得た情報を誰かに伝えるため文章化し、さらにそれを口頭で表現したりなどする。

①は自己表現能力の育成という観点から、そして、②は4技能の向上を目指したタスクの統合化という観点から、それぞれ意義深い学習活動です。
　以上、作文という従来の学習活動とコミュニケーション指向のライティング活動について概観しましたが、この2つの間には、学習形態の視点からどのような違いがあるのでしょうか。
　一番の違いはコミュニケーション型のライティング活動では、従来の作文

とは異なり、発散性（open-ended）が高く、これまでにはない、より学習者中心型の学習活動が中心となる点です。

◆学習者中心型のライティング活動

　発散性があり学習者中心型のライティング活動では、タイトルからその内容にいたるまで、学習者が中心になって決定するような「自由型のライティング（free writing）」（以後「自由型」と略す）が最終的な目標とされます。しかし、初心者にいきなり「自由型」の活動を導入することは現実的ではありません。したがって、「制限型のライティング（controlled writing）」（以後「制限型」と略す）の活動から始め、次に「誘導型のライティング（guided writing）」（以後「誘導型」と略す）の活動へ、そして最後に「自由型」の活動に移行するような、学習者のレベルに応じながら段階を経た方法が取られます。

　学習活動が「制限型」から「自由型」へ移行するにつれ、学習者に創造性が要求されることになり、それだけ高い語彙力、文法力、そして文章の構成力が求められます。もちろん「制限型」になるほど、学習者に与えられる課題には収束性（closed-ended）の要素が強くなり、反対に「自由型」になるほど発散性の要素が強くなります。収束性とは、学習者が唯一の正しい答えを求めるような課題の特徴のことで、発散性とは、決まった正答はなく学習者が興味のおもむくまま自由に取り組めるような課題の特徴のことです。また学習活動の形態としては「制限型」では教師中心型（teacher-centered）になり、「誘導型」から「自由型」になるにつれて学習者中心型（student-centered）になります。

§2 ●3つのタイプのライティング活動

　次に「制限型」から「誘導型」へ、そしてさらに「自由型」へと移行する

につれて、どのような学習活動の展開が考えられるのか、これらの活動の特徴も合わせて見ていきたいと思います。

◆「制限型」の学習活動

　前述したように、今日の英語教育は学習者のコミュニケーション能力を高めることを目標としています。そのためには学習者中心型の学習活動がますます望まれます。このような学習者中心型の流れには、「制限型」は明らかに逆行していると言えます。しかし、英語を習い始めたばかりで使用できる語彙も構文も限られ、文章を創造する能力も十分とは言えない初心者へのライティング活動としては、どうしても「制限型」が中心にならざるをえません。

　与えられた言語材料を、指示されたとおり処理することで、学習者は比較的誤りの少ないライティングの活動ができ、この活動を繰り返すことによりライティングの能力の向上が期待できると考えられています。この点で「制限型」の指導方針は、基本的には、行動主義心理学の考え方、つまり言語能力の形成では習慣が重要な役割をになうという理論によっているので、オーディオリンガルの延長上にあると言えます。

　ライティングの学習活動を「制限型」と「自由型」に分けた場合、最も「制限型」と言えるのは、テキストや黒板に書かれたモデルを模写する活動になります。この種の活動では、学習者に意味を理解することは要求されません。また想像力を発揮して、文脈を自由に考えるというような要素もなく、ただ機械的に課題をこなすだけになります。

　なお「書き取り（dictation）」の作業も、「制限型」に分類できます。「書き取り」では、なるほど学習者はライティングだけでなくリスニングの活動も同時におこなうことになり、この点では機械的な模写よりも一歩進んだ活動と言えます。しかし、この活動も学習者には必ずしも内容の理解が必要とされるわけではありません。

「制限型」の学習活動でありながら、学習者が書く対象となる英文の内容にも注意を向け、創造する要素もわずかながら加えられたライティング活動は、「並び換え型」と「置き換え型」に大別できます。

14 ◆ 「制限型」-1　「並び換え型」単語を並び換える

　学習者には、黒板やワークシートを使って、次のように順不同に並んだ英語が与えられます。これを並び換えて正しい文章を作ります。

> Mr. and Mrs. Brown / children / had / small / two /.
> The younger one / six / and / the other / one / was / four / was /.
> They / to / bed / going / like / didn't / early /.
> And the Browns / it / about / were / complaining / all the time /.

　「並び換え型」とは、このように与えられた文の一部を並べなおして、ジグソー・パズルを組み立てるように、意味のとおった英文に作り換える課題のことです。なお、このとき文章の概要について、あらかじめ日本語で学習者に伝えることもできます。
　上の活動では、語や句が並び換えの対象になっていますが、次の例では文が並び換えの対象となっています。

15 ◆ 「制限型」-2　「並び換え型」文を並び換える

　学習者は、黒板やワークシートにより与えられた次の 1) から 4) の文を並び換えて、正しいまとまった文章を書きます。

> 1) Right after I get out of bed, I wash my face and brush my teeth.

> 2) After that, I say, "Good-by" to my parents and leave my house.
> 3) In the morning I get up at six thirty.
> 4) Then I go downstairs and have my breakfast.

　この活動では、与えられたいくつかの文を、意味のとおる文章に並び換えています。なお、並び換えの対象となる英語によっては文章の意味の流れを、ジェスチャーや一連の絵図や漫画などで示すことができます。
　また、上の活動では、学習者は簡単な接続詞や副詞などの、つなぎの語句（linking words）の意味を、あらかじめ知っておく必要があります。
　次の活動は「置き換え型」です。これまでの「並び換え型」とくらべると、学習者が自由に取り組める余地が増えています。それだけ発散性が高くなっています。

16 ◆ 「制限型」-3　　「置き換え型」絵図を使って

学習者は与えられた英文をもとにして、絵図を正確に描写する新しい英文を作ります

At the park, I saw a young man sitting on the bench. He was reading a newspaper. It was raining.

上の活動例のように「置き換え型」では、「並び換え型」には見られなかった学習者中心型の要素があります。与えられた英文のなかの It was raining. は、絵図のなかでは天気は晴れなので、It was fine. It was sunny. It was a clear day. などのうちの、どれと置き換えても良いのです。同じように文中 bench は ground や grass などと置き換え、また newspaper は book や magazine などと置き換えることになります。学習者には創造性が新たに求められます。なお教材としては、普段使用している教科書からの絵図を、適宜利用できます。

　なお、上の活動例と1つ前の例とを組み合わすこともできます。学習者に4コマ漫画を提示します。同時に、漫画のストーリとは順不同になった英文を4つ提示しますが、英文の一部には漫画の内容と異なる描写があります。学習者は正しい英文に「書き換え」ながら、英文を漫画の内容にあわせて「並び換え」ます。

　次の例は上の活動例と比較して、どのような要素が新たに加わっているでしょうか。

---

17 ◆「制限型」-4　「置き換え型」教科書にある既存の文章を使って

　学習者には次のような文章が、例文として与えられます。そして必要な個所を自分の立場に置き換えて、文を書き改めます。

　<u>Hiro</u> likes <u>baking bread</u> or <u>watching baseball games on TV</u> on Saturdays.

　上の活動例で示したように、あらかじめ置き換えるべき語句を、下線によって指定することもできます。初心者を対象にしていますが、学習者中心型の要素を取り入れた、発散性のある活動例です。なお、教材としては、教科書などにある文章を適宜、利用できます。

　この課題では、自分自身のことについて書くという要素が新たに加わっています。学習者は書き終わると、これを板書などで発表することもできます。

もし、文字で発表する前に口頭でクラスに発表すると、発表者にはスピーキングの、また聞いている人にはリスニングの学習活動とすることができます。こうすることで、より発展的なライティング活動にすることができるでしょう。

◆「誘導型」の学習活動

　学習者が文章を書く基本的な技術を学習すれば、ライティングの学習は「制限型」から離れて、より「自由型」の活動に移行します。しかし「制限型」から「自由型」に急に移っても、いろいろな面で問題が生じます。たとえば、いきなり自由作文の課題として、タイトルだけを学習者に与えるとどうなるでしょうか。おそらく学習者は何から手をつけてよいか分からず、戸惑うばかりです。たとえ書けたとしても、文の構成やパラグラフの構成が不完全で、ただ単語だけが羅列しただけのものになってしまうかもしれません。このようなことにならないためにも、教員が何らかの手本や方向づけを学習者に与え、「制限型」から「自由型」への移行を、よりスムーズにするためにあるのが「誘導型」の学習活動です。

　ここでは「誘導型」の学習活動として、語彙を指定する方法、「書き取り作文（dicto-comp）」を書く方法、オーラル・インタラクション（oral interaction）を利用する方法、漫画や絵図を利用する方法、モデルとなる短いパラグラフを利用する方法、要約（summary）や予測（prediction）を書く方法を紹介します。

◎語彙を指定する

　ここでは学習者に、使用する語彙を指定しています。書く内容については、個人の自由な発想にまかせています。

> **18 ◆ 「誘導型」-1　語彙を指定する**
>
> 　教員は次のような語彙を板書します。学習者はこれらの指定された語彙を使用して、自由に文脈を考え文章を作ります。1) から 3) までありますが、それぞれの文章に一貫性を持たせる必要はありません。
>
> > 1) keep on ...ing
> > 2) search for
> > 3) stationary

　学習者の到達度に合わせて、1) から 3) に一貫性を持たせるように、課題を設定することもできます。なおこの活動は、語彙力を能動的語彙とするための学習もかねています。

　上の活動では文脈については、とくに指定はしていません。指定しないことで、かえって学習者のなかには何について書けばよいのか、戸惑う人もいるかもしれません。次の活動では、そのような戸惑いをなくすために、必要な語彙を与えるだけでなく、文脈についても指針を与えています。しかし、この活動例の意義はそれだけにとどまりません。

◎「書き取り作文」を書く

　次にあるのは「書き取り作文（dicto - comp）」と呼ばれるものですが、この活動例にはリスニングの要素も含まれています。

> **19 ◆ 「誘導型」-2　「書き取り作文」を使う**
>
> 教員は、次のようなキーワードを板書します。
>
> > Tom - hiking

> Friend's house - bus - harbour
> Ferry - island
> Walking - tree

　次に以下のような英文を学習者に読み聞かせますが、この間、学習者には聞くだけでメモなど何も書いてはならないことを伝えます。

> Tom decided to spend the day hiking on the island. He went to his friend's house and they took a bus to the harbour. There, they got on a ferry and soon they reached the island. After a few minutes, they were walking among beautiful trees full of red blossoms.

　次に板書されたキーワードを使用して、今聞いた内容を英文で書くように指示します。このとき、必ずしも教員の読んだとおりの英文でなくてもよいことを学習者に伝えます。

　この活動例のポイントは、教員が読んだ英文を、そのまま書き取るのではなく、その内容を自分の表現を用いてライティングする点にあります。したがって、学習者による書き出しは、"Tom decided to spend the day hiking." である必要はありません。"Tom wanted to go hiking on that day." でもよいのです。
　「書き取り作文」とは、書き取り（dictation）に作文（composition）の要素を合わせた活動です。しかし、通常の書き取りとは、3つの点で明らかに違います。
　第1に、書き取りでは学習者の注意は、おもに語彙などの言語的な点に向けられます。しかし「書き取り作文」では学習者の注意は、言語的な点だけでなく、さらに内容にも向けられます。
　第2に、学習者は読まれる内容を理解し、それを自分の語彙で文章化しますが、この過程で学習者は自分の創意や工夫を取り入れることができます。したがって、このライティングの活動は、単なる書き取りとは異なり、より

学習者中心型で発散性のある活動と言えます。

　第3に、書き取り作文では、書き取りでは要求されないリスニングの方法が、学習者に求められます。つまり、書き取りの活動で要求されるのは bottom-up のリスニング能力だけであるのに対し、書き取り作文においては、さらに top-down のリスニング能力も要求され、学習者は知らず知らずのうちに、この両方の能力を使っていることになります。なお、リスニング活動における bottom-up と top-down ついては、p.126 をご覧下さい。

　◎オーラル・インタラクションで始める指導
　課題として、学校が所在する市について何か書くことになったとします。教員はオーラル・インタラクションによって、活動の導入をおこないます。

---

20 ◆「誘導型」-3　オーラル・インタラクションを利用して

T : Today, we are going to write about our city, Nishinomiya City. Where is Nishinomiya?
S1 : It is Hyogo Prefecture.
T : Yes. It's in Hyogo Prefecture.（と言いながら Hyogo Prefecture と板書します）In what part of Hyogo Prefecture is Nishinomiya? Is it in the north?
S2 : It's in south.
T : Yes. It's in the south.（同じく in the south と書きます）What are some of the famous places in Nishinomiya?
S3 : A Koshien Stadium.
T : Yes, Koshien Stadium.（同じく Koshien Stadium と書きます）Nishinomiya is on what river? There is a river in the east. What is the name of the river?
S4 : Mukogawa.
T : Yes, Mukogawa.（同じく Mukogawa と書きます）What do people do along the river on Sundays and Saturdays?

S4 : They playing tennis...
T : Right. Playing tennis...（同じく playing tennis...と書きます）
T : OK. Now look at the blackboard.（黒板には次のような語句が書かれています）
T : You are going to write about our city. When you write, please use these words on the blackboard.

>   Nishinomiya City
>   Hyogo Prefecture
>   in the south
>   Koshien Stadium
>   Mukogawa
>   playing tennis...

　先の2例では、ヒントになる語彙や英文は教員が与えています。これをこの活動例では、学習者から口頭で引き出しています。学習者は自分たちがあげ、板書された語句をキーワードにして、西宮市についてライティングすることになります。この方法では、内容についてのアイデアは自分たちが出したものであることから、学習者の関心も高く、より積極的に課題に取り組もうとするでしょう。
　さらにこの活動では、学習者とのインタラクションをとおして、必要ならばよりコミュニカティヴな学習形態とすることができます。

◎漫画や絵図の利用
　これまでの例では、活動に必要な情報は文字によって与えられています。次の例では文字でなく絵図によって与えられています。

21 ◆「誘導型」-4　漫画や絵図を利用して

　吹き出しの部分が空白になった1コマ漫画を学習者に提示します。学習者はその吹き出しに入るセリフを、漫画の状況から想像して文にまとめます。

　発散性の高い学習活動です。学習者は漫画のなかの登場人物のセリフを自由に考えて、それを文にするので、内容的に何が正しいかは問いません。ここに収束性の学習活動にはない面白さがあります。もしある漫画から、もともとあったセリフを取り除いて教材としていたのであれば、学習者が課題を終えた後でそのセリフを提示することになります。
　学習目標により、学習者の使用する語彙や文型を制限して、同じ形式の課題を与えることもできます。なお、ここでは1コマ漫画を使用していますが、

複数のコマからなる連続漫画のなかの吹き出しの一部を空白にして、ライティングの対象とすることもできます。また漫画のなかのセリフだけでなく、登場人物が心の中で思っていることを文にまとめる、という課題を設定することもできます。上の活動例では、もう1人の男の子が心の中で何を思っているのかを想像して、文章に綴ることができます。

また、教員にとってもこのような発散性のある活動から、普段は見られない学習者の違った側面を垣間見ることにもなり、興味深い活動です。

◎短いパラグラフを手本とする指導

教科書などにある短いパラグラフをモデルとして、英語特有の理論の展開を学習しながら、ライティングの活動をすることもできます。

22 ◆ 「誘導型」-5　短いパラグラフを手本として

教員は以下のパラグラフを学習者に提示します。そして、語句や文法的な説明をするだけでなく、パラグラフの論理的な特徴についても説明します。学習者は、このパラグラフの論理的な展開を生かしながら、それぞれの下線部に自由に創作した語句を入れることになります。

1) Hang-gliding is one of the sports I really recommend. It is, of course, 2) very expensive and sometimes dangerous, but it is 3) attracting more and more young people. 4) What is exciting about hang-gliding is the pleasant sensation we can never have on the ground.

この活動で学習者は、これまでの活動と比較すると、よりいっそう自己表現のためのライティング活動に従事できるだけではありません。自分の意見や主張を陳述するための理論的な展開方法の1つを、提示されるパラグラフをモデルにして学習できます。

下線部1) では、先ず自分の考えを読み手に伝えます。2) では1) で述べたことの問題点を、あえて認めます。しかし、3) では2) で述べた問題点

に自ら反論を加え、さらに 4) では最初に述べた自分の意見に、より説得力を持たせるような事実を提示することで、読み手を納得させようとしています。

　この活動例では、自分の意見や考えを説く手段として、「譲歩」という方法が有効に使用されています。読み手を説得しようとする試みは、コミュニケーションの大切な機能の1つです。この意味で上の活動例は、これまでの「誘導型」の活動例と比較して、より「自由型」の学習活動を視野に入れたものです。

　もちろん、自分の考えを読み手に受け入れさせるための論理の展開方法は、他にもあります。たとえば、例証（身近な具体例を提示する方法）、分類（いくつかの類型に分ける方法）、比較・対象（あるものと比較する方法）などがそうです。適宜これらを上の活動例のように教材化することが、「自由型」の学習活動へ、ひいてはコミュニカティヴ・ライティングへの一歩となります。

　また、さまざまな論理の展開の形態を、モデルを参考にしながら自分の言葉を用いて学習することにより、形式スキーマ（formal schema）のレパートリーを広げることができます。こうすることで、より高度なライティング活動とすることができます。

　文やパラグラフ、さらに複数のパラグラフから成るエッセイを、論理的に展開しながら文章としてまとめるには、守らねばならないルールがあります。このルールについての知識が、形式スキーマと呼ばれるものです。具体的には、シグナルの機能についての知識（p.35の表1を参照）やパラグラフの構成についての知識（p.26の図1とp.30の図3を参照）がおもな要素です。

　なお、一般にスキーマと言えば、人が新しい情報に接したとき、その理解を促すような内容についての背景的な知識を指しますが、これはとくに内容スキーマ（content schema）と呼び、ここで言う形式スキーマとは別です。

◎要約や予測を書く方法
　次にあげるのは、リーディングの活動と組み合わせた活動例です。語彙や

文法だけでなくディスコースの構成能力が問われますので、「誘導型」のなかでも高度なライティング活動となります。

23 ◆ 「誘導型」-6　要約を書く

学習者は下にあるような英文を読み、内容を理解する上で鍵となる単語や句を拾い上げ、それを箇条書きにします。次に、その箇条書きしたものをヒントに、もとの英文を自分の言葉で短く要約します。

It is quite an experience to discover this volcanic island on foot at your own pace. The popular route to the summit takes an hour at an easy pace. Stop off at lookouts along the way for panoramic views. Other tracks that follow along the coast line are clearly signposted from the wharf.

通常、要約（summary）というのは、パラグラフがいくつか集まって構成されるエッセイを対象としておこなうことが多いのですが、上の活動例では便宜的に1つのパラグラフを対象としました。

この活動例では、クラスをA班とB班に分けて、それぞれの班に違った英文を与えることができます。この場合、A班の書いた箇条書きからB班の学習者がもとの英文を想像して要約を書き、A班の学習者はB班の書いた箇条書きから同じように要約を書きます。そして、書き終わったあとで、もとの英文と見比べることができます。

なお、要約というのは、自分の言葉で短く分かりやすく書き改めることで、もとの英文の語句を機械的に、順番につなぎ合わせて作るものではありません。上の活動例で箇条書きしたものはアウトライン（outline）であり、いわゆるサマリー・ライティング（summary writing）とは異なるものです。

また、アウトラインは文または語句の別は問いません。上の活動例のように箇条書きにする場合の他、もし視覚的にも理解しやすくするのならフロウ・チャートのように、図式化することもできます。

上の例文なら、アウトラインは次のようになるかも知れません。箇条書き

にした例と、図式化した例をあげました。

箇条書きしたアウトラインの例：

- quite an experience
- volcanic island
- route to the summit
- panoramic views
- other tracks
- signposted

図式化したアウトラインの例：

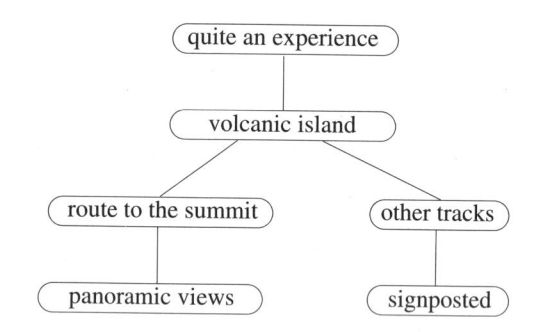

```
            ( quite an experience )
                      |
              ( volcanic island )
               /              \
  ( route to the summit )  ( other tracks )
         |                      |
  ( panoramic views )      ( signposted )
```

次の予測を書く例でも語彙だけでなく、文法やディスコースの構成能力が学習者には要求されます。

24 ◆ 「誘導型」-7　予測を書く

学習者には下にあるような英文が与えられます。内容を十分に把握した後に、以下の「...」に続く内容を想像して文章を作ります。

Canada is fortunate to have a whole variety of accommodation to choose from

> including de luxes hotels, motels with self-contained facilities, and backpacker hostels. Whatever type you seek, there is a price and quality to fit. However, accommodation is often booked out in peak holiday seasons and it is advisable ...

　上の文の最後には、"to book well ahead for such popular times" が続くでしょう。
　要約や予測を書こうとすることで、学習者には文字として記述された情報を理解するだけでなく、行間の意味にも目を向け、内容をより深く理解することが求められます。
　上の活動例のように、要約や予測を書くという学習活動は、リーディングとたいへん密着した活動と言えます。内容を把握するには、学習者は自らの社会的や文化的な知識を内容スキーマ（content schema）として活性化するでしょう。しかし、それ以上に自分の考えを文章に表すには、統語やディスコースなど言語的な知識を形式スキーマとして活用しなければなりません。
　しがたがって、上の２つの活動例は「誘導型」でもかなり高度な学習活動と言えます。またそれだけ、次項で説明する「自由型」の活動を視野に入れた活動です。

◆「自由型」の学習活動

　「自由型」の学習活動では、学習者は与えられた枠内でのテーマについて自由に文章を綴ります。
　教室における「自由型」の活動は、ライティング活動としての「自然性（authenticity）」（教室でおこなわれる学習活動としてのライティングが、社会生活での現実的なライティングの慣習を反映している程度）の視点から、リアル・ライティング（real writing）とディスプレイ・ライティング（display writing）に分けられます。
　リアル・ライティングとは、日常生活におけるL1でのライティングに見

られるように、書き手が、純粋にある特定の情報を伝える目的で、読み手となる特定の個人や団体宛てに文章を綴ることです。一方、ディスプレイ・ライティングとは、書き手となる学習者が与えられたテーマについて、自分の知識や理解力を文章で表現し、それを読み手である教員に伝えるものです。教員は多くの場合、ディスプレイ・ライティングを評価の対象とします。

　なお、「自然性」に対して「非自然性（unauthenticity）」という言葉を使います。これは、社会生活や日常生活で起こり得ない非現実的で作為的なライティング活動の持つ特徴のことです。ディスプレイ・ライティングはまさに「非自然性」の高い活動です。

　ALT（Assistant Language Teacher）による始めての授業を前にして、次のような学習活動がよくおこなわれます。

---

25 ◆ 「自由型」-1　　「自然性」と「非自然性」

T：来週、この学校にALTが訪問します。今までに習った構文や単語を自由に利用して、この学校がある町の様子や歴史について、ALTに是非知ってほしいことを英語で綴って下さい。次の時間までの宿題とします。

　ライティングの活動で「自然性」と「非自然性」とは、内容的に両極をなす特徴ですが、上の活動例には「自然性」と「非自然性」の両方の特徴があります。

　「この学校がある町の様子や歴史」について書くことには「自然性」があるでしょう。しかし「ALTに是非知ってほしい」という点は、「非自然性」の部分です。ALTが知りたいと思っているかどうか分かりませんし、学習者も必ずしも自分の町のことを伝えたいと思っているのかどうかも分かりません。ひょっとして、別のことを書きたいと思っている学習者もいるかもしれません。さらに、教員がこの「宿題」を何らかの評価の対象とするなら、この部分についても「非自然性」と言えます。このように学習活動では多く

の場合「自然性」と「非自然性」が、程度の差こそあれ混在しています。

◎ジャーナル・ライティング

　ジャーナル・ライティング（journal writing）では学習者は、日常起こったことを日記風に気軽な気持ちで英文にし、教員は適切なコメントを書いて返却します。「自然性」については、先の活動例と比べると高くなっています。

26 ◆ 「自由型」-2　ジャーナル・ライティング

T：学校や家庭で起こったさまざまなできごとについて、感じることや伝えたいことを、30語程度の英文にまとめ、毎月始めに提出して下さい。コメントを加え、後日、皆さんに返却します。

　上のような活動で学習者は始めて、学習者中心型のライティングの持つ楽しみを経験するでしょう。小学校の低学年の生徒に自由課題として与えられる「せんせい、あのね」を、そのままライティング活動に取り入れたものです。まとまった考えを綴り、それを誰かに見てもらうことで、英語で書くことに慣れ親しむ第1歩としたいものです。また、学習者と教員とのコミュニケーションの大切な基礎にもなり、ジャーナル・ライティングは「自然性」が高いと言えます。

　このジャーナル・ライティングを発展させたのが、ダイアローグ・ジャーナル・ライティング（dialogue journal writing）です。ここでは、学習者もしくは教員によって提起された話題について、交換日記の形式で学習者と教員とが意見を交換します。ジャーナル・ライティングと同様にコミュニカティヴ・ライティングの1つの典型とも言うべきもので、「自然性」についても高いと言えます。

◎リアル・ライティング

　最近、学校行事として、海外の中等学校を訪問する学校が増えてきました。

その準備のための一場面です。リアル・ライティングの例です。

> **27 ◆「自由型」-3　リアル・ライティング**
>
> T：この夏、皆さんは、オーストラリアの姉妹校を訪問し、その学校の生徒の家庭に滞在する予定ですね。皆さんのなかには訪れる家庭の様子を知りたいと思っている人も多いようです。手紙でそのことを書きましょう。

　この活動例はさらに「自然性」が高く、リアル・ライティングの範疇に入ります。社会的な慣習では、学習者が書くこのような手紙に対しては読み手から何らかの反応があるでしょう。これが、リアル・ライティングの特徴です。

　学校の授業でおこなわれるリアル・ライティングの例として、他に、国際理解教育の一環としておこなわれる、海外の提携校などの生徒との e-mail による意見交換や、修学旅行で訪問予定の各種施設から案内書を送付してもらうための依頼状の作成や、上の活動とは逆に、海外からの交換留学生を迎える準備のための手紙の作成などがあります。

　以上のような「自然性」の高いリアル・ライティングの機会は、決して多くはないでしょう。一般的に、学習活動においての「自然性」の程度を高めることが、学習者の意欲や関心を高める１つの条件だとされています。ところが、ライティングに関しては、これは容易なことではありません。私たち L1 におけるおもなライティング活動と言えば、手紙や葉書を書くことの他、簡単なメモを書くこと以外、ほとんどないのが実情だからです。その手紙を書くことも、最近は少なくなってきたようです。

　しかし、機会が少なくなったとは言え、手紙を書くためにはフォーマットに沿った書き方が要求されます。また、インターネットによる文書のやり取りも多くなってきましたが、e-mail による正式な文書のやり取りは、やはり従来どおりの手紙文のフォーマットでなされます。このように考えると、上

の活動はたいへん貴重な機会を学習者に提供していることになります。

　このように、学校の授業で取り扱われる「自由型」の学習活動には「自然性」の高いものから低いものまで、いろいろ分類できます。さらに「自然性」が高く、学習者中心型のライティング活動に結びつけようという理由で、タイトルの設定から文の構成にいたるまで、すべてを学習者まかせにして、教員はただ仕上がりを待つ、ということはできません。文章の構成、語の選択、そして表現の妥当性については、よりリーダー・フレンドリーで誤解の生じることのないライティングができるよう、学習者には助言を適宜与える必要があります。

　それでは、学習者に対する助言はどのようにされるべきなのでしょうか。適切な助言を与えつつ、学習者中心型の基本的な方針に沿って実施されるライティングの指導形態の1つが、プロセス・アプローチ（process approach）です。

§3 ● プロダクト・アプローチとプロセス・アプローチ

　ここでは、プロダクト・アプローチ（product approach）とプロセス・アプローチ（process approach）とは何かを説明します。そして、プロセス・アプローチについては、その特徴をふまえた学習活動の具体例を示します。

◆ プロダクト・アプローチの特徴

　伝統的なライティングの指導方法である、プロダクト・アプローチ（product approach）とは、学習者が書き終わった作文を添削し評価することで、学習者のライティング能力の向上を図ろうとする指導方法です。この方法による評価の対象は、言語的な要素が中心になります。すなわち、書きあがった

ものが文法的には正しい文章か、適切な単語が適切な形で使用されているのか、単語が正しく綴られているのか、そしてパンクチュエーションが正確に使われているかなどです。さらに、単一パラグラフ内や複数パラグラフ間での論理の展開が、パラグラフ・ライティングの視点から判断して、読み手に理解されやすいよう構成されているか、という点も含まれることがあるでしょう。

　つまり、プロダクト・アプローチによるライティングの指導の第1の目的は、特定の文法事項や語彙を文の構成上の規範に準じて、学習者が正確にライティングに反映できるようにすることです。このなかで教員は、もし間違いがあればこれを指摘するとともに、正しい形を学習者に提示します。そして学習者はこの提示されたものを雛形として書き改めます。このような作業を繰り返すことで、学習者はライティングの能力を高めます。プロダクト・アプローチが行動主義心理学者の言語習得理論にもとづいていると考えられるのは、まさに以上のような理由によります。

　プロダクト・アプローチは、現在でも世界中のEFL/ESLの教育の場で実践されています。そもそもこのアプローチは、各国での国語教育で採られていた作文指導の方法にならったものです。アメリカでプロダクト・アプローチが国語教育における作文指導として定着した契機は、1957年のスプートニク・ショックであると考えられています。その年、当時のソヴィエト連邦が人類初の人工衛星の打ち上げに成功したことで、西側諸国はきそって教育水準の向上のために、さまざまな試みを展開します。このような背景のなかで、アメリカではプロダクト・アプローチが幼稚園から12年生（日本の高校3年生に相当する）における作文指導の方法として、広く取り入れられた経緯があります。そしてこの指導方法が、EFL/ESLのライティングの指導に応用されました。

　もちろんプロダクト・アプローチはそれ自体十分に効果がある指導方法です。しかし、これとは違った視点に立つ指導方法が、アメリカの国語教育における作文指導の観点から提唱されるようになりました。そして1980年代

より、EFL/ESL のライティング活動においても、この流れを受けた新しい方法が関係者の関心を集め始めます。この新しい指導理念がプロセス・アプローチです。

EFL/ESL においてプロセス・アプローチが関心を集めた理由として、次の3点があげられます。先ず、文を作ることは書きたいという学習者の自由な意思にまかせるべきである、と考えられるようになったこと、そして次に、書きたいという内的な動機づけを、どのようにして学習者に与えるかが問題として取り上げられたこと、最後に、伝えたい内容が読み手に適切に伝わるような書き方の指導が、ライティングの学習の過程で重視されるようになったことです。

◆ プロセス・アプローチの特徴

従来より一般的におこなわれてきたライティングの授業の風景を、想像してみましょう。学習者は、与えられた課題を授業時間内に完成し提出するよう言われ、タイトルを与えられます。学習者は、ちゃんとした下書きもせずただ黙々と作業を開始します。また書き終えたとしても、推敲することもしないでしょう。学習者のなかには、時間内に終わらせることができないで、次の時間までの宿題として家で完成することになる人もいるでしょう。家では下書きや推敲する時間は十分にあるでしょう。しかし、適切な方法を教えられていないので自己流の方法で済ませてしまいます。そして、作品は「無事」完成します。

おおよそ、これが「自由形」の学習活動の授業風景ではないでしょうか。お分かりのように、最初にタイトルを与え、そして完成した作品を添削して評価する以外に、教員による指導はされていません。もちろん、添削し評価する作業はたいへんな仕事に違いありませんが。

プロセス・アプローチとは、ライティングという学習活動の全過程をとおして、適切な指導を学習者に与えようとするものです。つまりこの方法では、

学習者の書き終わった作品に対してだけでなく、タイトルの設定の方法、下書きの方法、校正の方法が指導の対象になります。そして、ライティングの活動にかかわる作業を効率よく進めるための具体的な方策だけでなく、読み手に内容を的確に伝える方法などについても、そのつど、教員からの指導が実施されます。

　私たちがものを書くときには、通常、先ず何について書くのかというテーマを決めることから始めます。次に、そのテーマについての自分の意見を具体的にまとめ、他の人から批評や助言を仰ぎながら推敲を重ねます。そして、書き終わって、自分の言いたいことが正確に読み手に伝わると確信するときに初めて、ライティングの作業が完成します。ライティングに関わるこのような一連の活動を重視し指導の対象としたのが、プロセス・アプローチです。

　プロセス・アプローチは、「書き出し」、「下書き」、「校正」の3段階から成り立っていますが、「書き出し」と「校正」では、プロダクト・アプローチには見られない段階を経た作業がともないます。「書き出し」では、与えられた大まかなテーマから実際に何について書くのか、また具体的にどのような内容を書くのかについてのヒントが、学習者に与えられることになります。こうして「下書き」がおこなわれ、次に「校正」の作業が続きます。

　プロセス・アプローチにおいて最も特徴的なことは、下書きの文を学習者の間で批評し合う点です。これを本書では「学習者どうしの校正（peer editing）」と呼ぶことにしますが、他に peer evaluation や peer response などと呼ばれることもあります。これにより学習者はフィードバックを他の学習者から得るだけでなく、他の学習者に対しても与えることで、書き手としての技術だけでなく、読み手としての技量の向上にも役立てます。したがって、プロセス・アプローチはプロダクト・アプローチと比較して、ペア・ワークやグループ・ワークをより頻繁に取り入れるという点で、よりインタラクティヴな学習形態です。また、学習者がライティング活動に積極的に参画し意見交換するという点で、より学習者中心型の授業形態であると言えます。

また、プロダクト・アプローチは言語的な正確さを追求する指導方法で、ときには伝える内容までは十分に目が行き届かないこともあるかもしれません。この点、プロセス・アプローチは現実的な言語の使用によって言いたいことを順次的確に伝えることを重視した指導方法です。このため、プロセス・アプローチを "fluency-oriented" と、プロダクト・アプローチを "accuracy-oriented" ととらえることで、プロセス・アプローチをコミュニケーション指向の学習活動と位置づけます。

　ライティングの指導の方法については、プロダクト・アプローチとプロセス・アプローチは両極をなす指導方法です。プロセス・アプローチはその方法やそれから得られる教育的な効果の点で、外国語教育の現場で積極的に取り入れられるべきですが、実際には、授業時間の制約や生徒数などが問題となります。ことに日本が置かれた現在の外国語の教育環境では、プロセス・アプローチを、それが提唱されている本来の形で授業へ導入することは困難でしょう。したがって日々の学習活動のなかで、プロセス・アプローチの考え方を部分的にせよ、どの程度、またどのように取り入れるかが現実的な課題となります。

　研究会で発表されるプロセス・アプローチと称される実践報告などを見ても、プロセス・アプローチの指導の指針をすべて取り入れることよりも、与えられた教育環境のなかで、どのように生かせるかがおもなテーマとなっていることが多いようです。

◆ プロセス・アプローチの実際

　「自由型」の学習活動では、学習者には先ず大まかなタイトルが提示されます。しかし、タイトルを与えられるだけで「後は自由に書きなさい」では、たちまち困る学習者もいるでしょう。このような学習者に手助けとなるのが、プロセス・アプローチで最初の作業となる「書き出し」です。

　「書き出し」の作業としてはリスティング (listing)、ブレインストーミン

グ（brainstorming）、フリー・ライティング（free writing）、クラスタリング（clustering）などの方法があります。リスティングとブレインストーミングは、学習者がテーマを絞り込むためのもので、フリー・ライティングとクラスタリングは、実際に書く内容のあらましを考えるためのものです。

　リスティングでは、学習者は文字どおり自分のアイデアを列挙していきます。次のような方法があります。

---

28 ◆プロセス・ライティング-1　「書き出し」リスティングを利用する

T：「学校での1日」という大きなテーマでライティングをしてもらいますが、用紙にこのテーマで思いつくことを、できるだけ多く英語で書いて下さい。単語でも句でもOKです。
　　そのとき「こんなことは先生が言ってるテーマとは関係なさそうだ」などと心配する必要はありません。それは、後の作業になります。とにかく、どんどんと項目をあげて下さい。
（作業が一段落したことを確認して）
　　それでは次に、自分であげたリストを見て「学校での1日」というテーマに適切でないものがあれば、×をつけなさい。

　これがリスティングという方法ですが、何の屈託もなく、全く心を開いた状態で作業するのがこの活動の特徴です。ひょっとして、自分自身も気づいていないことで、心のどこかに潜んでいるユニークな考えが浮かんでくるかもしれません。こんな可能性がリスティングにはあるのでしょう。

　リスティングは個人的な作業になります。この活動をさらにグループ活動に結びつけたのが、ブレインストーミング（brainstorming）です。

---

29 ◆プロセス・ライティング-2　「書き出し」ブレインストーミングを利用する

T：それでは次に、4人から5人のグループを作り、そのなかで各自リストとしてあげた項目を読み合ってみましょう。そのとき、他の人

が読む項目と自分のリストの項目とを比較して、同じようなものがあれば、○印をつけて下さい。また、自分のリストにないものでヒントとなるものがあれば、自分のリストに追加して、自分のテーマの絞り込みに役立てましょう。

　なお、上の活動では、グループ内で絞り込む項目の数を教員が指定し、各グループの代表者はそれをクラス全体の場で発表するようにもできます。学習者は他のグループの発表から、何かヒントとするものはないのか、注意して聞くことになるでしょう。
　本書で言うリスティングとブレインストーミングを合わせてブレインストーミングと呼んでいる場合もあります。またグループ活動ではなく、クラス全体の活動をブレインストーミングと呼ぶ場合もあります。
　学習者は、以上のようにして自分の書きたいテーマを絞り込みます。次に、書く内容についての具体的なヒントを得る活動に移ります。これが「書き出し」における次の作業で、フリー・ライティングやクラスタリングと呼ばれる作業です。

30 ◆プロセス・ライティング-3　「書き出し」フリー・ライティングを利用する

T：「学校での1日」ということから、思いついたことをリスト・アップしたことと思います。そのなかからテーマ1つ決めて下さい。決まりましたか、それでは、そのテーマを用紙の一番上に書いて、それから思い浮かぶことを、鉛筆を置くことなく、どんどんと書き続けて下さい。
　そのとき、文法や、綴りや、句読点をあまり気にせずに書いて下さい。自分に分かる程度の走り書きで結構です。もちろん簡単な語句や、短い文でも OK です。

　EFL/ESL の学習者が英語で文章を作るとき、とかく綴り、文法、句読法な

ど、英文を構成するさまざまな言語的なルールに気を取られがちになります。それが逆に、学習者の自由な発想を妨げることになります。これをなくそうとするのが、フリー・ライティングです。

フリー・ライティングは、またウエット・インク（wet ink）やクイック・ライティング（quick writing）とも呼ばれています。学習者はテーマについて思うことを、制限時間内に鉛筆を置くことなく書き続けます。もし、思い浮かばなかったら、"Can't think of any." と何度も書いてもいいくらいです。文法やスペルという形式的な正確さにとらわれることなく鉛筆がおもむくまま自由に、というのがこの活動の主旨です。

教員が与える文章や節に続いて、学習者が自由に書くという場合もあります。たとえば「クラブ活動」をテーマとする場合では、"I enjoy club activities after school because..." というような文章を与えることで、学習者のフリー・ライティングを促すことができます。

フリー・ライティングで書いた結果は、学習者が自らのヒントに利用するのが原則ですが、複数の学習者で利用し合うこともできます。このようなフリー・ライティングによってあげられた単語や語句や文章をヒントに、「下書き」の作業に移ります。

しかし「下書き」に移る前に、クラスタリング（clustering）と呼ばれる作業をすることがあります。これによって「下書き」の作業に、よりスムーズに入ることができるでしょう。

31 ◆プロセス・ライティング-4 「書き出し」クラスタリングを利用する

T：自分の書くことになったテーマをノートの中央に書いて下さい。そして、このテーマに関連する語句などを意味のまとまりごとにグループに分け、そのテーマの回りに書いて下さい。

　さらに、グループごとのつながりが分かりやすいように、線で結んで下さい。このようにして、できあがったクラスタリングの結果を、文章を書くためのヒントとします。

このような作業をクラスタリングと言います。「下書き」する前に、書きたいことを視覚的にも整理できます。上の活動例のなかの<u>「関連する語句など」</u>として、先のフリー・ライティングで学習者が書きまとめたものを、そのまま使うことになります。
　もし、キーワードが club activities なら、次のようなクラスタリングが考えられるでしょう。

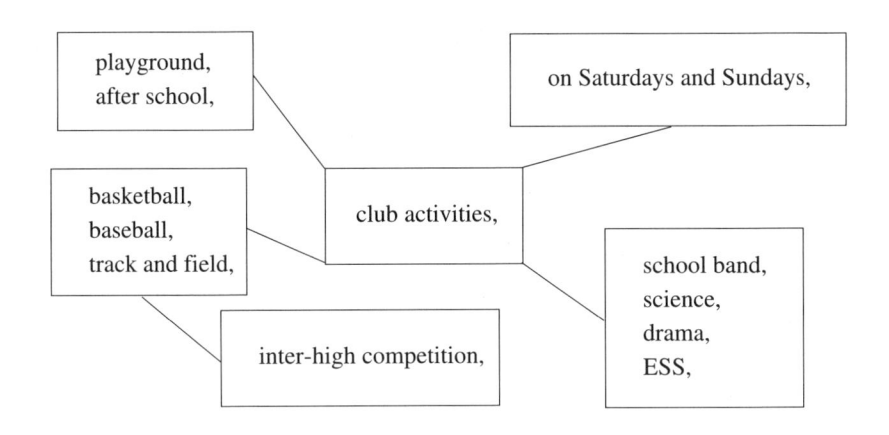

```
    playground,                       on Saturdays and Sundays,
    after school,

    basketball,
    baseball,              club activities,
    track and field,
                                      school band,
                                      science,
              inter-high competition, drama,
                                      ESS,
```

　以上のようにして得られたヒントをもとに、学習者は「下書き」を始めます。「下書き」が完成すると、次に「校正」が続きます。「校正」はプロセス・アプローチでも中心的な活動となります。

---

32 ◆プロセス・ライティング-5　「校正」peer editing を利用して

T : さて「下書き」が終わりました。次に、ペアを組んでお互い相手の「下書き」を、次の点に注意して読んで下さい。読みながら適宜アドバイスを書き加えて下さい。
1. 全体として文章の構成は、読み手に分かりやすいか。
2. 各パラグラフでは明解に論理が展開されているか。

第2章●ライティングの指導　69

3. 1つのパラグラフには1つのポイントしか書かないという原則が守られているか。
4. 読み手を納得させるためにつけ加えるものがあるとすれば、それは何か。
5. 分かりにくい点はないのか。あればそれを改善すためにあなたならどうするのか。

　「学習者どうしの校正（peer editing）」では、学習者は自分の書いた「下書き」についてアドバイスを得るだけではありません。ペアになった相手の「下書き」を積極的に読み、これを批評するという読み手に求められる基本的な態度が、実践的な体験をとおして養われます。もちろん、将来、自分の「下書き」を自己評価するときにも役立ちます。
　また、英語という科目の枠外で考えると、学校での普段の学習活動では依然として教師中心型が大半を占めるなか、学習者どうし、互いにどのような考え方をしているのか、意見交換する機会に恵まれてはいません。このようななか、「学習者どうしの校正」により、普段はうかがい知ることができない互いの考え方や価値観を知ることができるだけでも、十分に学習的な効果があると思われます。
　さらに、ペアの相手に読んでもらい、アドバイスを受けることが前もって分かっているだけでも、書き手にはライティングに対する大きな励みとなります。
　上の具体例にあるように、ペアへアドバイスするときの留意点を、教員は明示することが必要です。そうでないと、学習者によるアドバイスは、綴りや文法上の間違いというような言語的な要素が中心となってしまいがちになり、"fluency-oriented"として位置づけられるプロセス・ライティングの特徴が失われてしまいます。
　なお、アドバイスは口頭でなく書いて与えます。口頭で与えると、その場限りになります。また、学習者がどのようなアドバイスを相手に与えたのかに

ついて、教員が評価する必要がある場合、口頭では現実的に困難になります。

　「学習者どうしの校正」から得られたコメントやヒントにより、学習者は必要だと判断する部分について、各自の「下書き」を書き改めます。書き改めた「下書き」は教員に提出されます。教員はこれに適切なフィードバックをつけて、学習者に返します。

　教員からのフィードバックはプロセス・アプローチでは、「学習者どうしの校正」とともに重要なポイントになります。この段階で教員がとくに留意することは、誤りに対しての対処の方法です。誤りについては、プロダクト・アプローチのように、教員が正しい形を朱書きして訂正することはありません。原則としては、教員のフィードバックをヒントにして学習者が自ら訂正します。

　それでは教員は、現実的にどのようなフィードバックを、どのような方法で与えるべきなのでしょうか。おもなものは以下のとおりです。

①ささいな文法上の誤りには触れず、内容や理論の展開上、文法的にとくに重大な誤りがあれば、その箇所に下線を引いたり、その行の欄外にチェックなどして学習者に知らせる。
②内容や理論の展開上、単語の使用に関する重大な誤りがあれば、①と同様の方法で学習者に知らせる。
③学習者の作った文を書き改めない。
④内容や理論の展開上、とくに不必要であったり一貫性を欠く部分があればコメントする。

　これらのアドバイスしたがって、学習者が再度書き改めた「下書き」に対しては、教員はさらに次のようなフィードバックを与えます。

⑤ささいな文法上の誤りや、綴りや句読法の誤りについては、これらを指摘するだけにとどめる。ディスコース・マーカーについても同様とする。

⑥パラグラフの構成の点から、Topic Sentence、Supporting Sentence (s)、Concluding Sentence の論理的な展開の部分について、必要があればコメントする。

◎ライティングの課題を与える本来の目的は何か
　これまでは、ライティングの指導について「制限型」、「誘導型」、そして「自由型」の視点から、その実例をあげて説明してきました。ここではなぜライティングの課題を与えるのか、という視点から考えたいと思います。教員がこの視点について明確な意識を持つことは、学習者のライティング能力の到達度に関わらず大切です。
　ライティングの課題を与える目的として、大きく分けると次の2つに分けられます。1つは、学習者が自己を発見したり啓発することで、これを「発見型指導法（discovery approach）」と呼びます。もう1つは、英語の言語的な要素を学習する場合で、「修辞指導法（rhetorical approach）」と呼びます。概して言うと、「修辞指導法」は学習の初期段階で多く、学習者のライティング能力が上達するにつれて、次第に「発見型指導法」の割合が増えることになります。教員はこの目標の設定について、とくに意識なしに授業に臨むこともあるかも知れません。しかし、日常の学習活動を省みれば、どのような指針にもとづいて指導しているのか、気づくでしょう。
　学習者が自己を発見することや、自己を啓発することを目的とする「発見型指導法」では、学習者の個性や創造性を尊重するような、学習者中心型の発散的な学習形態が多く見られます。この場合、学習者にはある程度の言語能力が必要になります。学習者は、読後の感想文や自己の生活体験を綴ることで、ライティングの本来の意義や目的について学ぶことになります。また、自己を文章で表現することで、コミュニケーションとしてのライティングの役割について、認識を深めるでしょう。
　言語的な要素の学習がライティングの目的である「修辞指導法」なら、学習形態は、「発見型指導法」と比較すると、より教師主導型で収束型になり

ます。学習者はライティングという学習活動をとおして、文法、語彙、そしてディスコース、すなわち、順接、逆説、対比などの理論の展開を明確にする語句の使用方法や、単一パラグラフ内や複数パラグラフ間に見られる論理の展開の方法などについての、幅広い知識を深めることになります。

第3章 スピーキングの指導

§1 ● 概説

◆コミュニケーション能力の育成に向けて

　ミシガン大学で開発され、1950年代から60年代にかけて一世を風靡した外国語指導法、それはオーディオリンガル法（Audiolingual Method）でした。ミム・メム練習（mim-mem practice）が中心となるこの方法では、発話される表現や音声という言語としての「正確さ」が学習者に求められました。これは、ミム・メムとは mimic-and-memorize（あるいは mimicry-and-memorization）の略であり、文字どおりモデルになる英語をそのまま「模倣して真似る」ことを意味するのですから、当然だったかもしれません。

　しかし、このような言語面での正確さを学習のおもな目標としていた言語教育観に代わる考え方が、1970年代前半に提唱されます。この新しい教育観は、従来からの言語面での学習に加えて、社会生活における言葉の役割に注目した学習の必要性を説きます。この考えでは言葉の持つ役割を、その伝達内容から、「概念（notion）」と「機能（function）」の2つに分けます。「概念」とは位置、時間、程度、年齢、量、期間などのことであり、「機能」とは提案、依頼、要求、約束、謝意、賛辞などのことです。そしてこれらの役割をになう表現方法の学習が、新たに必要とされました。

この新しい考えにもとづいて編成されたものが、いわゆるNFシラバス（Notional-Functional Syllabus）と言われるものです。さらに1980年代には、このNFシラバスの理念を発展させて、より実際的な立場からコミュニケーション能力の育成の必要性が、言語教育の場で叫ばれるようになります。

　コミュニケーション能力の育成が、日本における英語教育の柱の1つとして教育の場で認められたのは、1989年3月に改訂された中学校および高等学校の学習指導要領においてでした。なお学習指導要領は、その約10年後に、さらに改訂されましたが、コミュニケーション能力の育成という流れは、より鮮明に、より積極的に打ち出されています。

　さて、このコミュニケーション能力の育成が、英語教育のテーマとして取り上げられるようになるにつれ、学習者が表現する言葉としての「正確さ（accuracy）」に加えて、どれほどとどこおりなく言葉をやり取りできるかという「流暢さ（fluency）」が求められるようになりました。これは、言語的な正確さにこだわりすぎるあまり、コミュニケーションの手段としては必ずしも機能していなかった従来の指導方法への反省によるところが多いと言えるでしょう。以上のような言語教育観の変遷を説明する1つとして、かつての指針を"accuracy-oriented"と呼び、新たな指針を"fluency-oriented"と呼んでいます。どちらも、それぞれの指針の特徴を端的に描写しています。

　なお「流暢さ」には次の2つの意味が含まれているとされています。1つは"the ability to link units of speech together with facility and without strain or inappropriate slowness or undue hesitation"で、もう1つは"natural language use"（Hedge, 1993:275-6）です。つまり、「不自然によどむことなく、また詰まることなく、リラックスしててきぱきと発話の単位を結びつける能力」と「自然に言語を使用すること」ですが、2番目の「自然に言語を使用すること」とは、以下のように解釈されています。

　①発話の焦点が意味を伝えることと、それにともなう言葉のやり取りに
　　向けられること。

②イントネーションや顔の表情などの効果が、巧みに意思疎通に生かされること。
③言語使用の点で目立った誤りが少ないこと。

つまり、いくらよどみなく、すらすら話すことができても、相手の意見を聞くことができない場合や、誤りがことのほか多い場合は、その発話は"fluent"とは言いがたいのです。

さて今や、コミュニケーション能力の育成が、言語学習の大きなテーマとして明確に位置づけられるようになりました。そして、これにともない英語教育に携わる関係者にもいろいろな意味で意識の改革が迫られています。それでは、そもそもコミュニケーション能力とは、一般的にどのように定義されているのでしょうか。

◆コミュニケーション能力の定義

応用言語学では、通常、コミュニケーション能力（communicative competence）は次の4つの要素から構成されていると考えられています。

1)「文法的な能力（grammatical competence）」
音声、綴り、語彙についての能力や、文法のルールにしたがって語を変化したり文を構成したりする能力が、ここで言う「文法的な能力」です。これはまた「言語的な能力（linguistic competence）」と呼ばれることもあります。極端な例として、対話を試みる2人の話す言語がまったく異なれば、コミュニケーションどころではありません。この場合は両者の間の「言語的な能力」の欠如が、コミュニケーションできない最大の理由です。

2)「社会言語的な能力（sociolinguistic competence）」
実際のコミュニケーションにおいて、同じ意味を伝えるにしても、相手や

その時の状況によって、それ相応の言葉の使用が必要です。また、言語によって直接は表現されませんが、実際の社会生活における慣習や常識によって、意味が伝えられる場合もあります。

たとえば、同年齢の友達が相手なら "Come here." で済ませられても、パーティーの席で始めて知り合った社会的地位の高い人には、これとは別の表現を使うことになります。また、"He nodded his head quickly down and up." では、話し手は "He showed agreement." を暗示していることになります。私たちはコミュニケーションする場合、このように言語的な能力以外にも依存していることは、容易に理解できます。もし、相手の女性の気を引くための目的で、衣装をほめても、その女性が属する文化において、衣装に関するいかなるコメントも社会的規範に反するのであれば、コミュニケーションは即座に停止することもあるでしょう。

このようにコミュニケーションには、さまざまな社会的そして文化的な状況において適切に対応できる能力が要求されます。この能力を「社会言語的な能力」と言いますが、言語を取り巻く実際的な知識がないと、いくら「文法的な能力」があっても、コミュニケーションは成立しません。なお、社会言語的な能力は、また「社会文化的な能力（sociocultural competence）」と呼ばれることもあります。

3）「談話能力（discourse competence）」

パーティーやキャンプの余興としてよくおこなわれるゲームで、2人が話しをしますが、相手の話の流れに合わせないように互いに話しをし、もし、誤って相手に合わせて話しをしてしまうと、その合わせた者が負けとなるゲームがあります。次の例を見て下さい。

　A：今日は、とても暑いですね。
　B：最近、テロが多いと思いませんか。
　A：今年のオスカー賞の行方はどう思いますか。

B：昨夜は、遅くまで仕事でね。
　　A：プケコという鳥を聞いたことがありますか。
　　B：昨日、子供が産まれましてね。

　これではAとBとの間にまったく意思の疎通は見られず、互いに好き勝手な話しをしているだけです。もちろん、ゲームとしては引き分けです。このゲームではコミュニケーション能力の1つである「談話能力」をあえて示すと、負けになります。もし、上の対話に続いてAが「あっ、そうですか」とでも言えば、その時点でBの勝ちになります。
　つまり、「談話能力」とはわかりやすく言えば、言語的にあるいは内容的に、お互いの話をつなげてコミュニケーションする能力のことです。
　「談話能力」は、さらに「結合性（cohesion）」と「一貫性（coherence）」との2つの要素に分類されます。
　「結合性」とは、文章と文章とを意味の上で結び合わせる「文法的な接着剤（grammatical glue）」を、適切に使用できる能力のことを言います。「文法的な接着剤」とは、たとえば次のようなものを指します。

　①代名詞　I met a bus-driver and his name was Mustafa.
　②代用　　Mary had a watch. I wish I had one too.
　③省略　　John doesn't have a car, nor do I.
　④接続詞　I smoked a lot when I was young but I don't smoke anymore.
　⑤定冠詞　I saw a bear. The bear was brown.

　これらの機能を理解し、それを話のなかで反映できなければ、「結合性」があるとは言えません。
　「談話能力」のもう1つの要素である「一貫性」とは何でしょうか。次の例を見て下さい。

A : Could you drive me to Mission Bay?
B : Sorry. I'm on my way to Zoological Park.
A : O.K.

2人は同じ職場の同僚です。退社時間になり、AさんはBさんにMission Bayまで車で送ってくれないか頼んでいます。Bさんは、（今からMission Bayとは、逆の方向に位置する）動物園に行くことになっているので、送れないよ、と言っているのです。

2人の会話には、互いの文章を意味の上で結びつける「文法的な接着剤」はありません。しかし、2人の会話はスムーズに流れています。この流れを可能にしているのが「一貫性」です。つまり「一貫性」とは、互いの共通認識となる情報（職場からMission Bayと動物園とは、逆方向に位置していること）を、言葉では表現されていませんが、会話の流れに反映できる能力のことで、これがあったために2人の会話は成立したのです。

4）「戦術的な能力（strategic competence）」
　ときとして、それまでスムーズに流れていたコミュニケーションが何らかのことが原因して、突然、途切れることがあります。話し手の発話が不鮮明や早口になったとき、あるいは聞き手にとって理解できない言葉や表現が使用されたとき、また、聞き手の注意を話し手から心理的に遠ざけるようなことが起こったときがそうです。さらに、社会的や文化的な背景の相違による誤解が原因したり、乗り物が轟音とともに通過して、発話そのものが物理的に聞き取れなかったりしたときもそうです。
　以上のようなことが原因となりコミュニケーションが途切れたら、多くの場合、聞き手は話し手にその旨を"Sorry?" "Pardon?" "What did you say?"などのように言葉を媒体として（verbally）伝えたり、あるいは言葉を媒体とせず（non-verbally）顔の表情などで伝えたりします。すると話し手は意識してゆっくり話したり、ある部分をことのほか強調したりなどして、相手に理解され

やすいように話すでしょう。あるいは、ある言葉や構文を別の言葉や構文で言い換えるかも知れません。

　聞き手や話し手によるこれら一連の言語活動は、途切れたコミュニケーションの流れを元に戻すために必要な「戦術」です。この「戦術」を行使する能力を「戦術的な能力」と呼びます。言い換えをするなど話し手に求められる「戦術」は、相手がL2の初心者の場合はとくに大切です。どのような「戦術」を使用するかは、相手のL2の習得度によって異なるからで、話し手はこの点を正確に把握しておく必要があります。

　なるほど言語教育における人々の関心が「正確さ」から「流暢さ」に移ったように思われがちですが、これは「正確さ」を求める学習活動を軽視することではありません。というのは以上の定義づけからも分かるように、「正確さ」を支える「文法的な能力」をコミュニケーション能力の第1の要素としてあげているからです。

　したがって日頃の学習活動では「正確さ」と「流暢さ」のバランスのとれた指導が大切です。そのためには、ときにはオーディオリンガルで特徴的なミム・メム練習もコミュニケーション活動などと関連づけておこなうことになります。

◎アウトプット仮説とインタラクション仮説
　コミュニケーション能力を4つの要素に分け、それぞれを以上のように定義づけることは、コミュニケーションを目的とした学習活動を分析し、考察する上で、重要な視点を提供してくれます。これに対して、学習者の話すという学習活動の基本的な意義を考えるとき、ヒントとなるのがスウェイン（Swain）のアウトプット仮説（Output Hypothesis）とロング（Long）のインタラクション仮説（Interaction Hypothesis）です。

　アウトプット仮説によると、実際の発話には次の4つの機能が含まれているとされます。

①言語を意味のある発話として具体化する機能：
　学習者の持つ言語能力は、正しい音声を作り出す能力、文法力、語彙力、談話を構成する能力など多岐に分かれています。これらをとりまとめ、全体として意味のある発話を作り出します。
②より適切な発話を促す機能：
　学習者は自分の発話に対して、相手からのフィードバックを得ます。そのフィードバックから、学習者が自分の意図が十分にあるいは正確に伝わっていないと判断した場合、これを補うため①で定義づけた自分の言語能力を点検したり、編成しなおして、より適切な発話を試みます。
③意味的な言語処理から、より統語的な言語処理を試みる機能：
　発話された内容が、文法的に不完全であったり間違っていても、意図は伝わることがあります。たとえば、dog, bit, mailman という3つの単語を使うだけで、それが語順や語尾変化など統語的に不適切であっても、言いたいことは「郵便屋さんは犬に噛まれた」であろうと想像してもらえます。これは、それぞれの単語の持つ常識や、ときには文化的な背景から「郵便屋さんが犬を噛んだ」ではないと判断されるからです。
　しかし、正しい単語が使用されていても統語的に間違っていれば、いくら背景にある文化的な常識をもってしても、正確には意味が伝わらない場合があります。この場合、発話する学習者は統語的により正確な処理をして、的確な意味を伝えようと再度、試みます。
④仮説を検証する機能：
　③で学習者は、統語的により正確な発話を試みます。しかし、この新たな発話が最初のものと比較して、より正確な意味を伝えるかどうか分かりません。おそらく正確に意味が伝わるであろうと学習者は考えますが、これはあくまでも仮説にすぎません。この仮説が正しいかどうか、言い換えれば、新たな発話によって意図することが伝わるかど

うかを、実際に再度、発話して確認します。

　すなわち、話すという試行錯誤的な作業を繰り返すことで、学習者の言語的な能力は高められるというのがスウェインのアウトプット仮説です。
　ある意味ではこの仮説を補うものが、ロングのインタラクション仮説です。インタラクション仮説によると、学習者はネイティヴ・スピーカーとのインタラクションのなかで、適宜、以下のことを試みます。

　①自分が相手のことを正しく理解しているかを確認する。
　②相手の発話の内容を明確にする。
　③自分の意図することが相手に正しく伝わっていることを確認する。

　以上の試みは、もし話し言葉でされるとすれば、順番に ① Did you say ...? ② What do you mean by ...? ③ Do you understand? などで表現されるでしょう。たとえこのような完全な文章でなかっても、非言語的な手段や一語文の使用など、さまざまな方法でおこなわれます。このような試みにより、必要ならば話し相手であるネイティヴ・スピーカーからの発話が修正され、学習者にはより理解しやすい発話が促されます。そして結果的に、学習者の言語能力が向上するのではないか、と考えるのがインタラクション仮説です。

◎２つのタイプのスピーキング指導
　言語的な「正確さ」を目標にしたスピーキングの学習活動の端的な例は、文脈性のない（uncontexualized）ミム・メム練習や文型練習（pattern practice）ですが、このような学習活動だけで、学習者のコミュニケーション能力の向上は期待できません。しかし、学習者の総合的なスピーキング能力を養うためのさまざまな活動を、より効果的なものにするためには、基本的な「正確さ」を目標にした活動も必要です。正しい語彙や文型、そしてイントネーションなどの学習なしで、コミュニケーション能力の育成は語れません。これ

に焦点をあてた学習活動が「文型指向型」の活動です。

　本書では、「文型指向型（structure-oriented）」の学習活動を、言語的な「正確さ」を学習のおもな目標にした活動と定義します。しかしこの活動は教師中心型で、どうしても単調で機械的になりがちなために、これに固執すると学習者の学習意欲をそぐ結果になります。てきぱきと済ませ、将来的に文脈性があり学習者中心型で「自然性（authenticity）」の高い学習活動に結びつけることを、念頭に置かなければなりません。

　「文型指向型」の学習活動に対するのが「内容指向型（content-oriented）」です。この活動は、あくまでも学習者中心型の形態を取り、他の学習者と情報や意見を交換したり主義や主張を陳述することに目標を置いています。また「内容指向型」の活動のなかには、「文型指向型」にはない意外性の要素が含まれています。つまり相手からの反応には予測できない点があり、これについてはリアル・タイムで臨機応変に反応することが、聞き手には要求されます。

　本書では、学習者のスピーキング能力を高めるための学習活動を、「文型指向型」と「内容指向型」の２つに大別し、それぞれの特徴を生かした具体的な活動例を示します。なお、学習活動を skill-getting と skill-using や、form-focused と meaning-focused などと呼んで分けることがあります。それぞれ「文型指向型」と「内容指向型」とほぼ同意です。

§2 ●「文型指向型」の学習活動

　言語的な「正確さ」の学習を目標にした「文型指向型」の活動は、さらに「機械的な練習（mechanical drill）」、「意味理解をともなう練習（meaningful drill）」、「コミュニケーション型の練習（communication drill）」の３つに分けられます。

◆ 「機械的な練習」

　「機械的な練習」で典型的なのは、学習の目標となっている文型が教員によって提示され、それを学習者がそのままコーラス・リーディングなどで繰り返すという文型練習です。次の例では、学習の目標となる文型はそのまま変えずに、その中に含まれる語彙が、次々に他の語彙と入れ替わります。

---

33 ◆ 「文型指向型」-1　　「機械的な練習」代入型を使う

T : Class, repeat. "Give me a pen."
Ss : "Give me a pen."
T : "A watch." S1.
S1 : "Give me a watch."
T : Class. "Give me a watch."
Ss : "Give me a watch."
T : "A sheet of paper." S2.
S2 : "Give me a sheet of paper."...

　ここでは "Give me ..." という文型を学習しています。
　また次のような累積型のタイプもあり、必要に応じて取り入れることができます。累積型ではもとの文に新しい修飾語句などを次々につけ加え、さらに長い文を口頭練習します。

---

34 ◆ 「文型指向型」-2　　「機械的な練習」累積型を使う

T : Class, repeat. "I can see some seals."
Ss : "I can see some seals."
T : "On the rock." S1.
S1 : "I can see some seals on the rock."
T : Class. "I can see some seals on the rock."

```
Ss : "I can see some seals on the rock."
T  : "Lounging." S2.
S2 : "I can see some seals lounging on the rock."
T  : Class. "I can see some seals lounging on the rock."
```

　もちろん、累積型と代入型をミックスした形態も考えられます。上の例の最後に "moving" と教員が指示し、"I can see some seals moving on the rock." という文章を学習者が作ることになれば、ミックスしたタイプになります。

　さらに、転換型があります。

35 ◆「文型指向型」-3　「機械的な練習」転換型を使う

```
T  : Class, repeat. "I see some blue-eyed penguins."
Ss : "I see some blue-eyed penguins."
T  : Question. S1.
S1 : "Do you see any blue-eyed penguins?"
T  : Class. "Do you see any blue-eyed penguins?"
Ss : "Do you see any blue-eyed penguins?"
T  : Answer. "Yes." S2.
S2 : "Yes, I do. I see some blue-eyed penguins."
T  : Class. "Yes, I do. I see some blue-eyed penguins."
```

　このように転換型というのは、もとの文が平常文ならこれを否定文や疑問文に、さらに疑問文に対しての応答の文章に、次々に転換して教員のモデルのあとに学習者がコーラス・リーディングするものです。

　以上の3つの活動は教師主導型の練習であり、正しい文型の学習がねらいとなっています。したがってこの練習だけに関して言えば、正確な意味の理解はとくに要求されません。この点で「機械的な練習」と言えます。もちろん通常は、意味の確認はこの活動の前後におこなわれます。

◆「意味理解をともなう練習」

　教師主導型でありながら、学習者が学習の対象となる英文の意味を理解する必要があるのが、次の「意味理解をともなう練習」の範疇に入る活動です。

---

36 ◆「文型指向型」-4　　「意味理解をともなう練習」やや発散的

　学習の目標となる文型は「Let me 動詞の原型」です。教員は次の応答文を、あらかじめ板書などしておきます。

　教員が言う文に対して、学習者は上にあげた文から1つを選んで対応します。

> Let me get you something cold to drink.
> Let me make the bed for you.
> Let me call for the doctor.
> Let me take you to the bank.

　T : I'm sick. Respond. S1.
　S1 : Let me call for the doctor.
　T : Good. Class, repeat! "Let me call for the doctor."
　Ss : "Let me call for the doctor."
　T : I need some money. S2.
　S2 : Let me take you to the bank.
　T : Class repeat! "Let me take you to the bank."
　Ss : "Let me take you to the bank."

◆ 「コミュニケーション型の練習」

次の活動では、学習者の応答には依然として制限がありますが、その制限内で自由に応じし、自分の意見や新しい情報を伝えることができます。したがって、本書では「コミュニケーション型の練習（communication drill）」の範疇に入れたいと思います。"like ...ing" の学習の一環です。

> 37 ◆ 「文型指向型」-5 「コミュニケーション型の練習」発展的な文型練習
>
> T : What do you like doing?　S1.
> S1 : I like watching TV.
> T : What do you like doing?　S2.
> S3 : I like listening to music.
> T : What do you like doing?　S3.
> S3 : I like sleeping.
> T : What do you like doing?　S4.
> S4 : I like eating ice-cream.

この活動例では学習の対象となる構文が、あらかじめ意図的にパッケージされています。したがって、本来のコミュニケーション活動とは言えません。本来のコミュニケーション活動は、活動が作為的でなく、「自然性」がさらに高く、当然、意外性の要素も含まれることになります。

次の活動はどうでしょうか。

> 38 ◆ 「文型指向型」-6 「コミュニケーション型の練習」インフォメーション・ギャップ活動（a）
>
> 教員は学習者をペアに分けて、ペアの一方にはカードAを、他方にはカードBをわたします。

第3章●スピーキングの指導　87

カード A　　　　　　　　　　カード B

カード A の下部には物品がありますが、それらが部屋のどこに位置するかは示されてはいません。カード B には物品が部屋のどこの位置するのかが示されています。カード A を持った学習者（Sa）は、カード B を持った学習者（Sb）に尋ね、正しい位置を確認し、それらの物品を自分のカードに書き入れます。

　　　Sa : Where is a dog?
　　　Sb : It's on the sofa.
　　　Sa : Where is a television?
　　　Sb : It's on the desk.
　　（他の物品について、さらに Sa は質問を続け Sb はこれに答えます）

　なお、Sb が物品の場所を自由に考えて、それを自分のカードに書くこともできます。
　この活動はインフォメーション・ギャップ（information gap）を利用しています。2 人の学習者に与えられた情報には、作為的に間隙（gap）が設けられています。つまり一方の持つ情報は、他方には与えられていません。このような状況をインフォメーション・ギャップと言い、学習者にはこの情報の間

隙を埋めるための課題が与えられます。この課題を解決する過程で、互いのコミュニケーション能力を高めようというのが、この活動例の意図するところです。上の活動では、一方の学習者が "Where is ...?" と質問し、他方の学習者がその問いに対する答えとして、"in, on, under..." などの場所を表す前置詞を用いてコミュニケーションをします。

次の例も、インフォメーション・ギャップ活動ですが、上の例との違いはどこにあるのでしょうか。

39 ◆「文型指向型」-7「コミュニケーション型の練習」インフォメーション・ギャップ活動 (b)

教員は学習者をペアに分けて、ペアの一方にはカードAを他方の学習者にはカードBを与えます。

カードAとカードBには、類似した絵図が書かれてありますが、細かい部分では5つの違いがあります。その違いを、互いがコミュニケーションする過程で見つけます。

カードA　　　　　　　　カードB

カードAを持った学習者（Sa）とカードBを持った学習者（Sb）の対話は、たとえば以下のように展開されます。

Sa : Are the eyes of a cat open?

> Sb : No, they are closed in my picture.
> Sa : Oh, they are open in my picture.
> Sb : What is there in the vase? There is a rose in my picture.
> Sa : There is a tulip in my picture.

　これもインフォメーション・ギャップを利用していますが、1つ前のインフォメーション・ギャップの活動とやや違います。1つ前の活動では、片方が一方的に相手に質問し、質問された者がそれに答えました。しかし今回の活動では双方が質問し、それに答える機会が与えられています。したがって、より現実に近い活動と言えます。

　また、上の活動例では1つ前の活動よりも、さらに詳しい情報のやり取りが必要になります。大小、高低の他、丸、三角、四角などの基本的な形状表現や、左右の方向についての表現方法を学習していることが必要になります。

　以上の2例のインフォメーション・ギャップ活動では、双方に絵図が与えられ、それにもとづいた活動がおこなわれていました。課題の形態としては、すでに設定された答えを解答する形態なので、収束型と言えます。次の例では、どうでしょうか。

> 40 ◆「文型指向型」-8「コミュニケーション型の練習」インフォメーション・ギャップ活動（c）
>
> 　学習者をペアに分けます。ペアの一方の学習者（Sa）には何か絵の書かれたカードを与え、他方の学習者（Sb）には白紙の用紙を与えます。そして、Saがカードに書かれた絵を口頭で描写し、それを聞きながらSbが自分の用紙の上にSaの絵を復元します。

　この活動例も、双方向的な活動ですが、これまでの2例のインフォメーション・ギャップにはなかった発散性がこの活動には含まれています。より緻密な情報の交換が必要になりますが、その過程で、コミュニケーション能力

の1つである「戦術的な能力」が養われることになります。

なお、Saの持つカードに書かれた絵図は、できるだけシンプルなものがよいでしょう。

インフォメーション・ギャップの活動は、絵図の他、次の例のように文字を利用することもできます。

41 ◆「文型指向型」-9「コミュニケーション型の練習」インフォメーション・ギャップ活動（d）

教員は次のようなカードを、クラス全員に与えます。

カードにはQ1からQ5まで、主語の部分が空欄になった英文が書かれています。学習者はそれぞれの質問に該当するのは誰かを、クラスの他の人に自由に質問して見つけ、その人の名を（　）に記入します。

```
Find someone.
Q1:(     ) ate miso soup this morning.
Q2:(     ) watched a baseball game on TV last evening.
Q3:(     ) studied science last evening.
Q4:(     ) went to a juku school yesterday.
Q5:(     ) took a bath before supper yesterday.
```

互いに以下のような質問をして、それに応答することになるでしょう。

S1 : Did you eat miso-soup this morning?
S2 : No, I didn't. Did you eat miso-soup this morning?
S1 : Yes, I did.　（S1とS2は相手を変えて、Q2以下の質問を続けます）

なお、この活動では質問は同じ人には1つしかできないことを、ルールとして決めておく必要があるかもしれません。

これもインフォメーション・ギャップを利用した活動ですが、ここではインフォメーション・ギャップは作為的に設定されているのではなく、学習者

の個人的な情報によるものです。したがって、これまでよりも「自然性」の高い活動となっています。しかし、この活動例でも "Did you ...?" という一般動詞の過去形の質問文と、その答え方という文型練習の域を越えてはいません。

　次の活動も、これまでの活動と同様に、文型の学習の一環としておこなわれるものです。しかし、インフォメーション・ギャップ活動では、互いに持っている情報の隔たりを埋めることが、課題として与えられていました。次の活動では、どうでしょうか。

---

42 ◆「文型指向型」-10　「コミュニケーション型の練習」オピニオン・ギャップ活動

　学習者は、ある先生が何歳か、またどのようにして日曜日を過ごしていると思うかについて、各自考えをまとめます。次に、これを他の学習者との間で意見の交換をします。準備として、教員は次のような表が書かれた用紙をクラス全員に配布します。

	あなたの考え	学習者A	学習者B	学習者C	学習者D
年齢					
日曜日の過ごし方					

　学習者は、先ず「あなたの考え」の欄に、自分の考えを記入します。次に他の4名の学習者（AからD）と意見交換をし、それぞれの考えを空欄に記入します。
　学習する文型は次の2つとします。
　"How old do you think Mr. Tanaka is?"
　"What do you think Mr. Tanaka likes doing on Sundays?"

　この種の活動では、お互いの意見や見解の違いを尋ねることが課題として与えられているので、オピニオン・ギャップ（opinion gap）活動と呼ばれます。なお、活動が終了すれば、教員は何人かの学習者を指名して、結果を発

表する機会を与えます。

◎インフォメーション・ギャップ活動やオピニオン・ギャップ活動の注意点
「コミュニケーション型の練習」として、これまでインフォメーション・ギャップとオピニオン・ギャップを利用した学習事例をあげました。実際の運用には、次の3点に注意する点があります。

先ず、ここであげた具体例はすべて、構文を学習する過程でのまとめの段階や応用学習の段階でおこなわれるものです。学習の目標となる文型は、"Where is ...?" であり、"It's in（on, under...）the ..." などの場所の表現であり、"Did you ...?" であり、"How old do you think ...? What do you think ...?" でした。したがって、これらの活動に入る前に、目標となっている構文の意味や文法の確認が、必要なら板書などを使用しておこなわれます。それに加えて、教員の後にならい十分な口慣らしの練習をおこなう必要があります。この口慣らしとして、ミム・メム練習や「機械的な練習」による文型練習をすることになります。これにより学習者は、模範的な発音やイントネーション、リズムなどを学習できます。そしてそれを応用する場が、インフォメーション・ギャップなどの「コミュニケーション型の練習」になります。

次に、学習者は相手の言ったことが分からないときの対処の方法についても、あらかじめ知っておく必要があります。"What did you say?（↑）" "Pardon?（↑）" "Sorry?（↑）" などを学習することにより、コミュニケーション能力の1つである「戦略的な能力」を身につけることができます。

最後に、「機械的な練習」などと比較すると、より「学習者中心型」であるインフォメーション・ギャップ活動やオピニオン・ギャップ活動については、いつその活動が終了するのかを、実際に活動に入る前に学習者に伝えておくとよいでしょう。学習者はそのような目安を与えられると、より集中して活動に取り組みます。具体的には、時間を制限する、あるいは、与えられた課題を完成した学習者から順に自分の席に戻り着席する、などです。

以上、スピーキング能力の向上を目標にした、さまざまな活動例を紹介し

第3章●スピーキングの指導　93

ました。これらに共通しているのは、「文型指向型（structure-oriented）」という点です。つまり、程度の差こそあれ、すべてあらかじめパッケージされた文型の練習の一環としておこなわれています。

§3 ●「内容指向型」の学習活動

　「内容指向型（content-oriented）」の活動では、言語的な正確さよりも伝える内容そのものに重点が置かれ、情報や意見の交換だけでなく、主義や主張の陳述などが活動の中心になります。ここでは「内容指向型」の活動を「討議（discussion）」、「スピーチ（speech）」、「ロール・プレイ（role play）」の3つに分けます。

◆「討議」

　「討議」では、話し合うためのテーマが必要です。テーマは教員によって直接与えられることもあります。しかしリスニングやリーディングの活動と組み合わせる場合、まとまった英文を聞いたり読んだりした後で、その内容をテーマとして話し合われることになります。
　話し合いはペアやグループに分かれておこないますが、互いに自分の意見を相手に伝え説得させようとすると同時に、相手の意見にも耳を傾け、何らかの同意を得ようとします。
　ここでは、本格的な「討議」に向けて導入となるような活動を先ず紹介します。この活動例では、話し合うテーマは絵図によって学習者に与えられます。

43 ◆「内容指向型」-1　「討議」絵図を利用して

　学習者は2、3人のグループに分かれます。OHPや教材提示機で、以下のような絵図を右半分を隠した状態で提示します。

　各グループは隠された部分で何が起きているのか英語で話し合い、その結果はグループの代表者によって発表されます。

'. . . Hello . . . Hello . . .'

Based on Corder（1966 : 56）

　話し合うためには、テーマを学習者に明確に提示することが必要です。上の活動例では、絵図により場面や状況が具体的に示され、これを材料に話し合いが開始されます。またこの種の活動は発散的であり、学習者が独創性を発揮することができます。各グループにユニークさを期待することを告げると、学習者はいっそう熱心に活動に取り組むでしょう。

　もちろん発散的であるので、決まった答えがあるわけではありません。学習者は何らかの回答を見つけようと、互いに意見を交換するでしょう。この過程で学習者のスピーキングの能力を高めようとするのが、この活動のねらいです。学習者の意見がでそろったところで、隠された部分を提示します。

学習者は興味津々となります。
　さて、いよいよ本格的な「討論」の活動です。次の活動では教科書からの内容をテーマとしています。

> **44 ◆「内容指向型」-2　「討議」教科書の内容をテーマにして**
>
> T：環境問題についての各方面からの意見を読みました。これらの意見にもとづいて、さて、実際にはどうすればよいのかの提案が、次に作者の意見としてまとめられています。その部分を読む前に、これまでの意見を参考にして、あなただったら、どのような提案をするか、5人のグループに分かれて話し合って下さい。話しあう時間は15分です。5人のなかで、司会者、報告者を決めて下さい。報告者には、終了後、各グループで話し合った結果をクラスに発表してもらいます。

　ここでは、リーディング活動の延長として、「討議」が導入されています。教材を全部読んだ後でなく、作者が自分の意見を提示するのを待って、学習者が自らの提言をまとめています。こうすることで、話し合いの後、作者の意見を読むときの興味も高められます。
　また、グループで活動するときは、司会者や報告者の役割を分担しておくと効果的です。グループの人数が多いときは、書記係、計時係なども必要になるでしょう。
　学習者はグループに分かれて課題に取り組むため、他のグループでは、どのようなことが話し合われたのか、当然、興味を持ちます。活動後、各グループの代表が発表することは、このような点で意義深いと言えます。
　なお、ここでは話題は教員により提供されていますが、いろいろな教材や時事問題を参考に、学習者が選択することもできます。

◆「スピーチ」

　学習活動としての「スピーチ」は、「準備されたスピーチ（prepared speech）」と「即興のスピーチ（impromptu speech）」に分けられます。「準備されたスピーチ」では、学習者はタイトルやそのなかで話すべき内容について事前に知らされており、学習者には準備する時間が与えられます。もちろん実際のスピーチの場面ではキーワードなどを書いたメモを見て、話すことも多いでしょう。反対に「即興のスピーチ」では、その場での対応が学習者には求められます。

　次に「準備されたスピーチ」と「即興のスピーチ」との学習活動の具体例を紹介します。

---

45 ◆「内容指向型」-3　「準備されたスピーチ」叙述的な教材を使って

　教員は教科書などから、時間の流れとともにできごとの推移が明確に叙述されたストーリーを選びます。内容についての十分な理解と読みの練習が終了し、復習の段階に入ったとします。

　ストーリーの確認の作業をおこないますが、教員は学習者に問いかけながら、内容に関する情報を引き出すようにして、この作業を進めます。確認しながら教員は、ストーリーの展開の上で重要なことがらを、キーワードとして板書します。

　学習者はこのキーワードを参考にして、ストーリーを（またはその一部を）スピーチをして再現します。

　実際に課題を与える前に、教員はモデルを示すこともできます。
　これは「準備されたスピーチ」の具体例です。この活動にいたるまでには、教員の側に十分な準備が必要です。つまり、上の活動例のなかで示した手順を歩むだけでなく、それまでの授業でも学習者のスピーチ活動を念頭に入れ、新出単語の簡潔な言葉での言い換えや、新しい文型の既習の文型での言い換

えなどを、できるだけ学習者から引き出しながら授業を進める工夫が必要です。

また上の活動例では、対象となるストーリーの最後に、学習者が自由に話しの展開を想像してスピーチのなかでつけ加えることにすると、より発展性のある学習活動となります。

なお、教科書などにストーリーの流れを描写する連続漫画や挿し絵があれば、これらを板書するキーワードに替えて利用することもできます。

---

46 ◆ 「内容指向型」-4 「準備されたスピーチ」事件性の高い教材を使って

教科書などから事件性の高いもので、関係する人物の役割が比較的はっきりしているものを選びます。事件のある場面で、ある特定の人物が何を思い、何を感じたのかを、学習者はその人物になりきって、その心境をスピーチのなかで語ります。

このとき、学習者は教材からは読みとれないことも自由に想像して、これをスピーチのなかで生かしてもよいことにします。

この種の活動では、教材として新聞記事などを利用することができます。いずれにせよ、先の例と同様に、語彙や文法面だけでなく話の筋が十分に理解されていることを確認した後で、この活動例に入ることになります。

この活動では、ある登場人物の個人的な視点に立った叙述が中心になります。したがって、文章のほとんどは "When I opened the door..." "I felt vey happy." など "I" が主語として使用されます。いきおい主観的な感情表現が入り、学習者は興に入ります。

もちろん必要に応じて、キーワードや連続漫画や挿し絵などが利用されることもあるでしょう。

次の活動では、「準備されたスピーチ」のなかで学習者の個人の経験がそのまま、学習活動に生かされます。

47 ◆ 「内容指向型」-5　「準備されたスピーチ」Show and Tell を利用して

Show and Tell とは、学習者が何かの記念として持っているものを見せ (show)、それについて自由に話しをする（tell）という活動です。学習者は、最初はペアで、次に数人のグループで、そして最後にクラスで発表します。

　持参するものは、それについて学習者が想いを語れるものであれば何でもよいのですが、クラスに提示することを考えると、大きいほうがよいでしょう。もちろん、教材提示機などのメディア機器が備わっていれば、切手大のものでもだいじょうぶです。

　学習者は、あらかじめ原稿を書きます。教員はこれをチェックしますが、とくに大きな間違い以外は訂正しません。本番では学習者はメモ程度のものを見るだけになります。実際に活動に入る前に、教員はモデルを示すことができます。

　「準備されたスピーチ」では、スピーキングの他のいかなる活動よりも、学習者は独創性を生かせることができます。いきおい発表にも力が入ります。聞いている人にも、それだけ注意を傾けてほしいものです。これは、発表が終了すると教員が内容に関する質問を聞いている人に尋ねることを、前もって伝えておくことで、できるでしょう。

　あるいは、あらかじめ何らかの役割を、聞いている人に与えることもできます。たとえば、内容について質問する役割の人やスピーチの評価をする役割の人を、発表のたびに違った学習者に決めておきます。評価の対象となる項目は、スピーチの方法（声の大きさ、話すスピード、アイ・コンタクト、時間の制限が守られていたかなど）、内容や構成（メイン・テーマは分かりやすかったか、導入はどうであったか、結論は分かりやすかったかどうかなど）、それに言語的な要素（文法、語彙や発音は適切であったかなど）などが考えられます。

◎「即興のスピーチ」

　ノートやメモに頼ることなく与えられたテーマについて、その場でスピーチするのが「即興のスピーチ（impromptu speech）」です。この学習活動に入る前に、英語によるものであれ、日本語によるものであれ、話し手がL1でおこなう「即興のスピーチ」をニュースなどからビデオに収録し、これが他の言語活動と異なる点は何かを考える機会を学習者に与えたいものです。

　すなわち、この種のスピーチには、人によって差がありますが、どうしても「話しの中断（pause）」があります。「話しの中断」は沈黙によるものと、"um"、"eh"、"well"、"sort of"、"like" などのいわゆる「躊躇マーカー（hesitation marker）」によるものの2つに分けられます。

　沈黙には、気まずさや戸惑いをともないます。一方、「躊躇マーカー」は必ずしも望ましいものではありませんが、ごく自然な現象であり、沈黙にともなう気まずさを避ける方策であることを、学習者に伝えることができます。

　何の準備なしにスピーチをする。これは、ある意味では、自己表現能力を育成する究極の学習活動と言えます。しかし、たいていの教育現場では、いきなりこの活動を取り入れるのは容易ではありません。学習者は、これまでのスピーチにはない2つの心理的なハードルを克服することになります。

　1つは、まとまった人数の人前で準備なしに話すことにともなう不安感ですが、これはL1による場合でも同じです。もう1つは、L2で何の準備もせずに、自己表現するのに必要な語彙や文型といった言語的な表現能力が備わっているかの不安感です。この2つのハードルを少しでも軽減しようとしているのが、次の活動です。

---

48 ◆「内容指向型」-6　「即興のスピーチ」ペア・ワークを利用する

　学習者はペアに分かれ、一方は正面の黒板に向かって、他方は背を向けるように座ります。教員は、以下のことを板書します。

```
Tell me about your
    1   hobby.
    2   school life.
    3   favorite TV programs.
    4   summer holiday.
```

黒板を見て座っている学習者（S1）と、見ないで座っている学習者（S2）との会話は、以下のように始まります。

S1 : The titles are: school life, summer holiday, hobby and favorite TV programes. Now, pick your number please. From number 1 through number 4.

S2 : Give me 2.

S1 : Tell me about your school life.

S2 : Well,...

次に、教員は後部黒板に、正面黒板に書かれたこととは番号だけを振り替えた、同内容のタイトルのリストを書きます。S1 と S2 の学習者は、役割を換えて同じ活動を繰り返します。

　「即興のスピーチ」をクラスの前で話すことを最終目標に、先ずペア活動を導入しているのが、この活動のポイントです。

　さらに、4、5人のグループ活動へ、そしてクラスでの発表へと移行することができます。このようにすることで、「即興のスピーチ」にともなう不安感や緊張感を徐々に取り除けます。

　また、言語的な表現能力に対する不安については、上の活動例では「即興のスピーチ」とはいえ、選択できるタイトルをあらかじめ提示することで、この不安を少しでも解消しようとしています。学習者はタイトルを提示されることで、自分の言語的な知識の範囲で対処できるものかどうかを判断できます。もちろん、教員の側には、内容や言語材料の点で、すでに学習した範

囲の知識で十分表現できるようなタイトルを、選択肢に選ぶ必要があります。

スピーチのタイトルは、上の活動例のように板書を利用する他に、番号とタイトルの組み合わせが異なる複数の種類の印刷物を準備したり、それぞれ違うタイトルが書かれたシャッフルできるカードを利用することにより、活動に即興性を持たせることができます。

また、次のような活動も本格的な「即興のスピーチ」に向けての準備となります。

> 49 ◆ 「内容指向型」-7　「即興のスピーチ」4/3/2 Method を使って
>
> 与えられたトピックについて学習者は先ず4分間、パートナーに一方的に話をします。次に学習者はパートナーを換えて、同じトピックで3分間話をします。最後に再度パートナーを換えて、トピックを変えずに2分間話をします。いずれの場合もパートナーとなる人は聞き役に徹し、意見や質問は一切おこないません。

この方法は EFL/ESL でよく取り入れられる「4-3-2 メソッド (4/3/2 Method)」と呼ばれるものです。

この活動のなかでスピーカとなる学習者は、余分だと思われる情報を削除したり、「躊躇マーカー」をできるだけ少なくしたり、表現方法や内容を次第に改善することで、どうすればより効率的なスピーチをおこなえるか学習できます。

もちろん言語的な点でも効果的です。より端的に、正確に言葉を使う練習になります。この活動における教員のおもな役割は計時で、活動の始めと終わりを学習者に明確に伝えます。

◆「ロール・プレイ」

　ロール・プレイ（role play）とは、ある場面や状況において人々がどのように振る舞うかを、仮想体験するためのものです。学習者はそれぞれに与えられた役割を演技しますが、認定されたある特定の状況で起こることを予想する一方で、相手の反応にもそのつど対応することが求められます。したがって、相手に割り当てられた役割をも十分に把握することが必要です。

　ロール・プレイをとおして、社会教育の立場からは、社会を形成する人間の役割や互いの関係について学習者は認識をより深めることができます。私たちが直接関わる言語教育の立場からは、次のような2つの大きなメリットがあります。

　1つは、社会生活におけるいろいろな場面で必要とされる言語の機能を知り、この表現方法を学習できる点です。言語にはさまざまな機能があります。否定する、提案する、警告する、説得する、謝罪する、挨拶する、尋ねる、同意する、提案するなどが、そうです。言語の持つこれらの機能を、設定された場面で、与えられた役割を演出することにより仮想的に体験し、必要な言語能力が習得できます。

　もう1つは、よりリアルな場面設定のなかで、言語による臨機応変な対応方法が学習できる点です。相手からの予想もしなかった反応に対しては、その場で適切な対処が求められます。

　ロール・プレイがオーラル・コミュニケーションの育成を目指した学習活動のなかでしばしば取り入れられるのは、以上のような理由によります。

　ロール・プレイは、普段、使用している教材と関連づけておこなわれる場合と、単独でおこなわれる場合があります。単独でおこなわれる場合は、「投げ入れ教材（filler）」やゲーム的な要素が強くなります。

　教科書などの教材と関連づける場合、教材に出てくる登場人物をそのまま利用して、ロール・プレイをおこなうことができます。次の例は、初心者向きで、ロール・プレイの本来の意義は十分には反映されてはいませんが、本

格的なロール・プレイへの導入として取り入れることができます。

> **50 ◆「内容指向型」-8 「即興のスピーチ」ロール・プレイ 教科書を使い (a)**
>
> 　教科書から、AとBの2人の対話形式によって構成されている部分を利用します。たとえば、教科書での対話が以下のようであったとします。
>
> 　A：What sport do you like best?
> 　B：I like soccer best. How about you?
> 　A：I like basketball best. It's more exciting than soccer. Who is your favorite player?
> 　B：Suzuki. He plays for the Fighters.
>
> 　上にあるような内容を十分に理解し口頭練習した後に、教員は以下のようなキーワードを板書します。
>
> > sport
> > soccer
> > basketball
> > favorite player
> > the Fighters
>
> 　学習者はペアに分かれて、黒板のキーワードを参考にして教科書の対話を再現します。必ずしも、教科書の内容をそのまま再現する必要はありません。自分の立場に合わせて置き換えるところがあれば、そうしてもよいのです。

　同じ活動を違うペアを相手にしておこなってもいいでしょう。この活動では、キーワードを板書することが鍵になります。あらかじめ口頭練習しているので、初心者も楽しめます。
　学習者の学力が向上すると、このような活動では満足できません。さらに次のような活動へ発展させることができます。

> **51 ◆「内容指向型」-9「即興のスピーチ」ロール・プレイ 教科書を使い（b）**
>
> 　教科書のなかから、ＡとＢの２人の対話形式によって構成されている部分を教材として利用します。クラスをＡの役割を演じる人とＢの役割を演じる人に分け、ＡとＢとのペアを作ります。対話形式になっている末尾には、さらにどのような対話が続くのか、ペアを組んだ２人は自由に想像して、その場で演じることになります。

　この活動では、１つ前の例においてよりも、さらに学習者の独創性が発揮できます。最終的にはクラス全体を前にして発表できることを目標に、以降の学習計画を立てたいものです。

　また、この活動を違うペアを相手に、２回、３回と繰り返すこともできます。この場合、毎回、それぞれの学習者の思惑どおりに対話は流れません。状況と人物の設定が同じですが、臨機応変に言語対応することが養われます。最後に、ペアをクラスから無作為に抽出して全員の前で発表させることもできます。

　さらに教科書が対話形式でなく、叙述形式になっている場合でも、その内容を生かして、ロール・プレイの活動に結びつけることができます。それが、次の例です。

> **52 ◆「内容指向型」-10「即興のスピーチ」ロール・プレイ 教科書を使い（c）**
>
> 　教科書で、以下のような手紙文が扱われていたとします。
>
> 　Dear Mom,
> 　　Yesterday I arrived at the B&B we had talked about after I spent three days in the hustle and bustle of a big city. What a change! Now I can have some peace and quiet.
> 　　The building actually stands on the hilltop and commands a spectacular view of the surrounding country, even the mountains and the city lights far beyond.

My room faces west and last evening I could see the sunset on the horizon. Not only that. At night, I could even see the Milky Way stretched across the sky. I had never seen it in my life before. I gazed and gazed until midnight.

Taro

学習者はペアを組み、一方をTaroさんに、他方をB&BのホストであるPatさんとします。教科書の内容をヒントにして、この手紙が書かれた朝の朝食で、どのような会話がやり取りされたか想定して、ペアが対話します。

この活動をするには、前もって、内容だけでなく語彙や文法が十分に理解されていることが確認されていなくてはなりません。

また、ロール・プレイをスムーズに始めるためには、たとえばPatさんの最初の言葉をDo you like it here? や How do you find this B&B? などのように、教員が指定することができます。

また、話の流れのなかで、教科書では書かれていなかったことも、適宜、想像してロール・プレイのなかで取り入れてよいことにします。

次の例は、これまでのロール・プレイの例とは、どの点が異なっていますか。

53 ◆「内容指向型」-11「即興のスピーチ」ロール・プレイ 目的を設定して

学習者を3人のグループに分けます。各グループの3人には、以下のようなCard A、Card B、またはCard Cのうちの、いずれかのカードを配布します。3人にはそれぞれ、他の2人のカードの内容が分かりません。

Card A　　　　　　　　Husband

You have just bought train tickets to the Capital for you and your wife. You hope to enjoy wonderful scenery along the tracks in seats covered with sheep skin. The trip will be your dream come true.

PURPOSE

To persuade your wife that the trip is just perfect for a long-awaited holiday for you and your wife.

> **Card B** **Wife**
> Your husband has bought two train tickets to the Capital for a holiday. You wouldn't mind a train trip, but it takes 12 hours by train, only an hour by air. You'd rather fly there and save time to do some shopping.
> **PURPOSE**
> To persuade your husband that it's a waste of time and that he should cancel the tickets and get air tickets instead.

> **Card C** **Wife's brother**
> Your brother-in-law has bought two train tickets for himself and your sister for a holiday. Your sister doesn't like spending 12 hours on a train. She insists on flying. She wants more time to shop. You have gone by train before. The scenery was amazing.
> **PURPOSE**
> To persuade your sister to take the train because the scenery is amazing, the ride is comfortable, and that they sell nothing different in the Capital.

　この活動では、3人にはそれぞれの立場が与えられているだけではありません。話しを進める上での、具体的な目標がPURPOSEとして明示されています。これにより、3人の間のやりとりは、さらに現実味を帯びてきます。

　最初は各グループ内でロール・プレイしますが、2回目は3つの違ったグループから3名を選んで同じ活動をします。そして最後にクラスから無作為に抽出したA、B、Cの役の学習者が、クラスの前で演じます。もちろん、カードのAとBとだけを使用してペア活動とすることもできます。

第4章 リスニングの指導

§1 ●概説

◆ コミュニケーションのなかでのリスニング指導

　私たちが日常の会話のなかで「あなたは英語ができますか」と尋ねた場合、尋ねられた人は、先ずこの質問は自分の英語のスピーキング能力についてのことであり、あえてリスニング能力について尋ねられているとは思わないのが普通でしょう。このようなことからも分かるように、長い間、言語教育への期待の多くは、リスニングと比較すると、やはりスピーキング能力の向上によせられていたと言っても過言ではないでしょう。

　このように考えると、1989年に改訂された高等学校の学習指導要領は、日本の英語教育史上ではじつに記念すべきことがらでした。以降の英語教育の指針として、コミュニケーションが明言されたからだけではありません。この学習指導要領では、とくにリスニングの指導に焦点をあてた「オーラル・コミュニケーションB」が選択科目の1つになりました。このことは、当時の文部省が英語教育におけるリスニングの重要性を認識したという点で、さらに意義深いことと言えます。では、言語教育におけるリスニングの大切さが認められるようになったのは、世界的に見ていつ頃のことなのでしょうか。

　世界的に見ても近年の言語教育では、おもに話し言葉の学習に、学習者や

研究者の関心が集まっていました。1950年代後半から1970年代前半にかけて一世を風靡したオーディオリンガルでは、学習者が内容も十分に理解しないまま、ただオーム返しのように一斉に口頭練習を繰り返しているという授業風景がたとえあったとしても、不思議ではないでしょう。

しかし、このようなスピーキング偏重の言語教育に対する警鐘があったことも事実です。それは、次のことからも明らかです。

> Speaking does not of itself constitute communication unless what is said is comprehended by another person... Teaching the comprehension of spoken speech is therefore of primary importance if the communication aim is to be reached.
> （Rivers, 1966 : 196）

つまり、他の人の言ったことが理解できて始めてコミュニケーションが可能になるのであり、コミュニケーションに活動の中心をおいた教育では、リスニングが重要な要素となるのです。

このようななかで、言語教育でのリスニングの指導に対する明確な転換は、1969年に訪れます。その年、イギリスのケンブリッジで第2回IAAL（=International Association of Applied Linguistics）の大会が開催されました。この大会ではコミュニケーション指向の言語教育の必要性について、活発な議論が交わされました。そしてリスニングについては、それまでの受動的な言語活動としてではなく、より積極的で、コミュニケーションの鍵となる言語活動として扱われるべきだとすることが、大会のテーマの1つとして話し合われました。これがはずみとなり、それ以降の学習活動におけるリスニングに対する研究者や教育実践者の関心に、大きな変化が見られるようになったということです。

実際、私たちの日常の言語生活を見ても、リスニングはスピーキングと比較して2倍、リーディングと比較して4倍、またライティングと比較して5倍も占める、と言われています。したがって、コミュニケーションに言語教育の焦点があてられればそれだけ、リスニングの重要性も増すのは当然と言

えます。

◆4つのタイプのリスニング活動

　リスニングの指導に対する考え方には、時の流れとともに大きな変化がありました。これを反映して現在の教育現場では、さまざまなリスニング活動が実施されています。あるものはスピーキング能力の育成を第1に考えた時代からの活動形態であり、またあるものはコミュニケーションにおけるリスニングの重要さが人々の関心を集めるなかで提唱された活動形態であったりします。

　本章では、より効果的なリスニングの学習活動に結びつけるために、それぞれのリスニング指導の特徴と理論的な背景を知ることから始めたいと思います。そして、その理論的な考察にしたがって、ここではリスニング活動を「反復練習のためのリスニング」、「言語認知のためのリスニング」、「内容理解のためのリスニング」、および「音声システム理解のためのリスニング」に分けて説明します。これにより、実際にどのような点に留意しながら、それぞれのリスニングの指導に従事すればよいのか理解できるでしょう。

§2　「反復練習のためのリスニング」

　「反復練習のためのリスニング」は、オーディオリンガルの指導法でのリスニング活動です。この指導法の理論的な支えとなった行動主義心理学に疑問が投げかけられたのも事実ですが、このタイプのリスニング活動は決して軽視できるものではありません。

◆オーディオリンガルにおけるリスニング

　アメリカの言語教育理論の影響を受けた教育現場では、1970年代初頭まで、オーディオリンガルの指導が重視されていました。この指導法によるリスニングのおもな目的は、教員が提示するモデルとなる英語に学習者が耳を傾け、続いて反復練習をすることにより、つまり"listen and repeat"することにより、英語の正しい音声を習得することでした。この方法はミム・メム練習と言われるものであり、これによって英語の音声の分節的（segmental）な要素や超分節的（suprasegmental）な要素が学習されました。

　分節的な学習としては、特定の音声を含む単語を反復したり、あるいはミニマル・ペア練習（minimal pair practice）が利用されました。ミニマル・ペアとは、1つの音声の違いにより意味が異なる単語のペアのことです。たとえば、shipとsipはミニマル・ペアです。Shipとsipのペアの発音を、モデルの後に続いて"listen and repeat"することで、/ʃ/と/s/との違いを習得します。ミニマル・ペアを用いた活動例は、第5章「発音の指導」p.145で詳しく扱っています。

　超分節的な学習としては、句や文をモデルとなる英語を聞いてそのまま反復したり、あるいは文型練習（pattern practice）を利用することによって実施されました。文型練習を用いた活動例は、第3章「スピーキングの指導」p.84で扱っています。

◆理論面からの批判

　このようにオーディオリンガルによるリスニングでは、反復練習による音声システムの習得が中心となっており、聞いてこれを理解することには、学習活動としての焦点は当てられませんでした。このことに対して、次第に疑問の声があがってきます。

　このようななか、オーディオリンガルの根本にある言語学習理論、すなわ

ち言語学習は習慣形成だとする行動主義心理学にもとづく言語学習理論を批判するグループが、1960年代に入って登場します。このグループは生得説論者（nativist）と呼ばれました。チョムスキー（Chomsky）らに代表されるこの一派の言語習得理論によると、言語は習慣形成でなく、人間が生来持っているとされる言語習得装置（language acquisition device）が作用する結果だとされました。

　さらにこの仮説が、臨界期説（Critical Period Hypothesis）を唱えたレニバーグ（Lenneberg）による生物学的な検証や、一連の文法形態素研究（Grammatical Morpheme Order Studies）の先駆となったブラウン（Brown）による実証的な検証によって、さらに説得力を持ちます。生得説論者の仮説が、言語教育を専門にする研究者の間で、次第に認められるようになるにつれ、言語教育に直接従事する人々にも、この考えは浸透し始めるようになりました。以来、言語教育におけるリスニングの果たす役割についての、新しい考えかたが登場します。次のセクションで説明する Comprehension-Based Approach は、まさにそのような流れのなかで提唱されましたが、言語教育におけるリスニングの意義をたいへん重視した指導理念です。

　とはいえ「反復練習のためのリスニング」活動を、完全に否定できないことは、英語教育に従事する人々には容易に理解できます。ミム・メム練習は、とくに言語学習の初期の段階では決して軽視できない手段の1つではないでしょうか。

§ 3　「言語認知のためのリスニング」

　1970年代に入ると、言語習得におけるリスニングの役割を重視した指導理念が、言語教育における大きなテーマとして注目を集めます。日本でもよく知られているのが、Total Physical Response や Natural Approach です。

Comprehension-Based Approach

　認知（recognition）とは教育心理学の用語で、学習者が新しい情報を、知覚し（perceive）、記憶し（memorize）、さらにそれについて思考する（think）過程のことです。リスニングをとおした言語の認知を優先に考えた言語指導法は、一般に Comprehension-Based Approach（CBA）と呼ばれていますが、1960 年代中頃より、CBA を主唱する学者や研究者が現れました。
　CBA の指導法によると、言語の受信技能であるリスニングとリーディングのうち、とくにリスニングによって得られた十分な言語情報によって、学習者の言語能力は次第に高められ、発話の能力も自然に現れる、とされています。つまり、学習者は、学習の初期の段階からリスニングを十分に経験することにより、無意識のうちに言語システムについて自ら問題を提起し、これを解決しながら文法やその他の言語上のルールについて仮説を立て、この仮説を検証します。これが学習者が次第に発話するようになる過程である、というのです。
　L2 習得についてのこの考えは、まさに人間が L1 を習得する過程を、言語の学習理論に応用したものです。しかし、この CBA は成人を対象とした従来の指導法と、真っ向から対立しました。というのは、それまでの指導法の根本的な考え方と CBA の基本的な考え方とは、以下のように明らかに異なっているからです。
　CBA が提唱されるより以前の指導方針は、次のように要約できます。

①話すことが言語学習の中心的な技能であり、学習者が話せるように指導することが、言語教育のおもな目的である。
②初心者の段階からスピーキングの指導に焦点をあてることで、学習者は将来、正確に、しかも流暢に話すことができるようになる。さらに、この過程において、リスニングやリーディングという補助的で受信的な技能を高めることができる。

一方、CBAの指導法は次のような理念にもとづいています。

①話す、書くという発信技能と、聞くという受信技能は全く別の作業である。そして発信技能は受信技能と比較して、心理的にも知的にもはるかに複雑な過程を経て学習される。したがって学習初期の段階から、いきなり、とくに話すという技能の向上を期待することは、学習者の立場からは心理的に、あまりにも負担が大きすぎる。
②自然環境で言語を習得する場合、学習者は多くの場合、沈黙期間（silent period）というのを経験する。沈黙期間とは、学習者が聞くことによって得た言語情報、すなわちinputを取捨選択し自らの脳の言語中枢に組み込まれたシラバスにしたがって、順序よく文章を組み立てる過程のことで、この期間では学習者には顕著な発話は見られない。そして期が熟せば、最初のうちは間違いを重ねながらも、学習者は徐々に発話できるようになる。

また、CBAには従来の指導法と比較して、次のような特徴があります。

①学習者の心理的な負担を軽減する。
②学習者の言語習得に関する認知機能を最大限に活用する。
③学習者が与えられたinputを理解することに専念できるよう、十分な時間を保証する。
④作為的ではなく、なるだけ実際的で臨場感のあるinputを与える。

さて、リスニングをとおした言語の認知を優先に考えたCBAの指導法として、日本でもよく知られたものとしては、Total Physical ResponseとNatural Approachがあります。次に、この2つの指導法を概説したいと思います。

◆ Total Physical Response

　CBA の先達となったのが Total Physical Response（以下 TPR と略す）でした。この指導方法は、1967 年アメリカのカリフォルニア州にあるサンホゼ州立大学の心理学者であるアッシャー（Asher）によって提唱されました。彼は子供の L1 習得の様子から、子供は実際に言葉を話し始めるよりもずいぶん前から、input される言語情報をかなり理解しているのではないか、と考えました。そして、理解していることを示す最も顕著な場面は、ある input に対して子供が発話でなく行動で反応するときである、と仮定しました。つまり、"Let's run!", "Throw the ball!", "Hey, come on!" というような input に対して、子供が実際に行動で示す場合がそうです。

　子供の L1 習得におけるこのような観察にもとづき、アッシャーが L2 を習得する理論として構築したのが TPR です。それでは、TPR による学習事例を紹介しましょう。

---

54 ◆「言語認知のため」-1　TPR を使って単文ごとに

T : Now everybody, do what I do. Stand up!（実際に教員は、その動作をして学習者に見せる）
Ss :（教員の動作を真似て起立する）
T : Very good. Now, sit down!（実際に教員は、その動作をして学習者に見せる）
S :（教員の動作を真似て着席する）
　　（必要なら以上の活動を繰り返し、学習者の習熟をはかる）
T :（今度は教員はその動作をせずに、指示だけを与える）Everybody, stand up!
Ss :（起立する）
T : Sit down!
Ss :（着席する）
T : That's fine!

TPRの特徴は、指示されたことがその場で行動により示されるので、input が正確に理解されたかどうかは、それを与えた側が直ぐに確認できることです。TPR は 1960 年代後半に提唱されて以来、アメリカ各地に広がり、さらに世界の L2 の教育現場で実践されるようになりました。

　なお、以上のような活動を発展させて、教員に代わり学習者が指示を与えることもできるでしょう。さらに学習者の到達度に応じて、次のように複数の指示文を連続して与えることもできます。

---

55 ◆「言語認知のため」-2　　TPR を使って 一連の文章を対象に

T：OK. Now look at me.（以下の一連の動作を実際に演じながら）
　　Get up.
　　Walk to the window.
　　Open the window.
　　Look outside.
　　Say, "Yahoo!"
　　（学習者 A を指名して）Now A, it's your turn to try.（教員は同じ一連の指示を与え、学習者 A はそのとおりの動作をおこなう）
　　（さらに何人かの学習者に、同じ一連の指示を与える）

　さらに、ある場面を想定して、その場で使用される特別な表現を TPR で学習できます。この場合、小道具（props）や実物教材（realia）を利用することで、より効果的な活動が展開できます。

---

56 ◆「言語認知のため」-3　　TPR を使って props を利用して

小道具として折り畳み椅子を用意して、これを自転車に見立てます。

T：（学習者 A を指名して）Now A, do what I say.
　　Let's imagine you are riding a bicycle.
　　Put a leg across the bike.

> Sit up on the saddle.
> Ring the bell. Twice.
> Hold the handlebars.
> Put your right foot on the pedal.
> Push it.

　次に *Simon Says.* を紹介しましょう。これは TPR を利用したゲームで、初心者を対象にしてよくおこなわれています。教員が文頭に "Simon says..." と言い添えたときにのみ、学習者は指示された動作をします。

57 ◆「言語認知のため」-3　TPR を使って Simon says のゲームで

教員は学習者に、先ずルールの説明をします。

> T : Everybody, let's play "Simon says." Everybody, stand up!
> （立った生徒がいるならば、"Stand up!" の文頭に、"Simon says..." と言わなかったので、立ってはいけなかったことを伝える）
> Simon says, "Stand up!"（ここで学習者は立つことになる）
> Simon says, "Put your right hand up!"　Good!　Now, put it down!
> Oh, oh, I see some people made a mistake...

　矢継ぎ早に指示文を与えることで、勘違いする学習者が頻発するかもしれません。笑いと戸惑いのなか通常とは違った雰囲気で、学習した語彙や句の定着が図れます。

　なお、TPR は発話を強要することなく、リラックスした雰囲気のなかで、学習者の基本的な言語能力を育成する活動として意義のある方法です。しかしこれだけで、多くの EFL/ESL の教育の場で目標となっているコミュニケーション能力の育成を期待するのは困難なことは、多くの研究者によって以前から指摘されていることです。

◆ Natural Approach

　CBAにもとづいた学習理論の1つで、最も理論的にシステム化されていると考えられているのは、1980年代前半にクラッシェン（Krashen）とテレル（Terrell）によって提唱されたNatural Approachです。この理論によれば、言語を学習する者は、耳から得る情報の大部分が理解できるものであれば、その情報にもとづき、構文や文法を意識的に分析することなしに、未習得の言語システムを習得できる、と考えられています。そして言語システムの習得は、言語的な助け（たとえば、理解しやすいように、ゆっくり話したり、倒置を用いたり、より簡単な言い方をすること）や、非言語的な助け（たとえば、絵図や、動作、そして周囲の状況や文脈）により、一歩一歩着実にされると説明されています。また、習得される言語システムは、多少は個人差があるものの、ほぼ類似した一定の段階をたどると考えられています。

　この理論では、学習者が習得して既に到達している段階を"i（アイ）"で、そして、その学習者が次に到達することになる段階を"i+1（アイ・プラス・ワン）"で、それぞれ表現されています。そして、学習者が"i+1"の言語システムを習得できるのは、おもに耳から得る情報に"i+1"の要素が含まれ、しかもそれが言語的な助けや非言語的な助けによって、理解できることが必要です。

　また、学習者が発話できるのは、以上のように耳からの情報にもとづいて言語システムを習得した結果であり、このときに見られる発話の誤りも徐々に解消され、やがては正確に発話できるようになる、と考えられています。

　なお、このNatural Approachは理論的に整然と体系づけられているため、かえって部分的に誇張されることになり、さまざまな批判を生んだのも事実です。詳しくは、拙著『英語教員のための応用言語学』（昭和堂、2000年）の第12章をご覧下さい。

§4 ●「内容理解のためのリスニング」

　内容を迅速に、また的確に理解することを学習目標としたリスニング活動が、ここで言う「内容理解のためのリスニング」です。「内容理解のためのリスニング」は、さらに「質問に答える形式」と「タスクに対応する形式」の課題の2つに大別できます。

◆「質問に答える形式」

　「質問に答える形式」の課題では、学習者は文章、パラグラフ、対話、あるいは講演などに耳を傾け、その内容が正確に理解されているかどうかの質問に答えることになります。

　質問は内容に関する事実の確認が中心となり、正誤問題（True or False Question）、多肢選択問題、あるいは単文による解答を要求する問題などが用いられます。これらの質問の形式は、従来、リーディングの指導において内容が理解できているかどうか確認するために用いられた方法を、そのままリスニングの学習に応用したものです。これらの学習活動に前後して、リスニング教材に含まれる文法事項や語彙の確認がおこなわれますが、これ以上の学習活動は通常みられません。

　また「質問に答える形式」では、リスニングをしながら空欄になっている部分に、聞き取った単語などを埋めるという活動もよくおこなわれます。方法としては、ニュースや歌などの録音教材を聞いたり、教員が読む英文を聞いて、括弧を埋めるという形式がよく取られます。

　ただ、空欄の補充では学習者は文字として表記された文章の前後関係から、ある程度、答えとして要求されている単語や句を推測しますので、リーディングの要素も含まれることになります。さらに、空欄を埋めるために単語や語彙を記入するには、書くという活動も含まれます。したがって、このよう

第4章●リスニングの指導　119

な活動は、厳密にはリスニングだけを対象にした活動とは、言えないかもしれません。しかし、現実にはリスニング活動として、空欄の補充をする課題はよく利用されています。

さて、事実の確認が中心となる「質問に答える形式」の課題は、リスニング活動の一部として、従来から学習活動のなかに頻繁に取り入れられているものの、一方ではこの学習活動には次のような点から問題が指摘されています。

第1は、学習者の立場からは、自分のリスニングの能力の向上に役立っているというよりは、自分の記憶力や推理力が試されているのではないか、という疑念を持ってしまう点です。これは、リスニングした後に学習者が始めてその内容に関する質問文に触れる場合、とくに言えることです。

第2は、事実を確認するだけの課題では、質問に答えるという収束型の学習活動がほとんどになり、どうしても単調な作業が中心になってしまう点です。質問に対する答えの正誤だけが問題となり、それ以上の活動はありません。したがって結果的に学習者への興味づけという観点からは、効果の少ない活動になってしまうこともあるでしょう。

◆「タスクに対応する形式」

「質問に答える形式」のリスニング活動の問題点を少しでも克服するには、先ずL1のリスニングにあるような現実感や臨場感を取り入れることが必要でしょう。通常、L1でのリスニングには目的があります。その目的のために情報源に耳を傾け、つまりリスニングし、それによって得られた新たな情報に対して、何らかの反応をするのが現実的な言語活動です。L2のリスニングについても同じで、リスニングから得られる情報にもとづいて学習者が取り組むような課題を設けてはどうか、と提案されるようになりました。

このようにして考えられたのが、タスク（task）という学習活動です。このタスクはリスニングの学習活動に限ったものでなく、広く、リーディング、

スピーキング、ライティングの能力を高めるための指導方法として1980年代後半ころから、さかんに言語教育で取り入れられました。

　タスクでは、学習者には具体的な課題が与えられますが、この課題の解決のために学習者はリスニングの活動に従事することになります。

　また、タスクでは設定される課題は収束的でなく、発散的である場合が多いのです。つまり課題の成果は学習者によって必ずしも同じとは限りません。すなわち、「質問に答える形式」にはない、学習者の個性と創造性を反映できる要素がこのタスクにはあります。

　このことは次の具体例で明らかでしょう。これは、ピクチャー・ディクテイテョン（picture dictation）と呼ばれるタスクです。

58 ◆「内容理解のため」-1　タスク・リスニング picture dictation を使って

学習者は、次の英文を聞きながら、そのとおりの絵を描く。

T : Draw a two-story house in the middle. On the right side of the house, there is a tall tree as high as the roof-top of the house. On the left side of the house, there is a boy doing something. Now, class, <u>guess what the boy is doing and draw a picture of it.</u>

　この活動では、学習者はリスニングによって得られた情報にもとづいて、絵を描くというタスクに従事します。内容が正しく理解できているかどうかは、タスクの成果を見れば明らかです。2階建ての家や木の格好は学習者によって同じことはありません。でもこれは問題ではありません。ここに、発散的な課題設定の大きな特徴があります。

　また英語が苦手でも、絵を描くことに興味を持っている学習者は、ここぞとばかり集中して作業に取り組むでしょう。これもまた、上のような活動の特徴の1つです。

　なお、下線を引いた部分のように、自由な発想を求めることで、より学習

者中心の活動へと発展させることができます。自分の独創性を生かそうと、課題に取り組む学習者の意欲は、ますます高まります。

◎コミュニカティヴなタスク・リスニング

スピーキングやライティングと比較して、リスニングはリーディングと共に受け身な技能だと見なされていました。しかし、やがて言語学習において話し言葉を中心にした、コミュニケーション能力の育成が急務とされるにつれ、この考えは改められるようになりました。

現実の社会生活におけるコミュニケーションは、その機能の点から、「相互作用的な（interactional）」機能と「業務執行的な（transactional）」機能に分けることができます。相互作用的な機能とは、社交に必要な言葉のチャッチ・ボールのようなもので、相手の健康について尋ねたり、天候や周囲の状況の描写など、比較的に差しさわりのない話題が中心となります。内容としても浅く、特定のものに関する詳細な情報の交換はされません。

それと比較して業務執行的な機能では、内容について深くつっこんだ話し合いがされ、正確で明瞭な情報のやりとりがともないます。ときには、お互いの意見を戦わすこともあるでしょう。

機能が相互作用的であれ業務執行型であれ、リスニングについては、決して受け身な態度で臨んでいるのではありません。相互作用型では円滑な人間関係を求めて、また業務執行型では大切な点を聞き漏らさないよう、注意を集中することでしょう。

さて、先のピクチャー・ディクテイションは個人で取り組むタスクでした。しかし多くの場合、タスクは複数の学習者で取り組むように設定されています。これは、どうしてでしょうか。

現在の言語教育の流れは、コミュニケーション指向となっています。このことが一番の理由です。タスクを複数の学習者、つまり、ペアやグループに与えることによって、学習者は設定された課題に取り組みます。課題に取り組むなかで、学習者はリスニングをとおして得られた新しい情報にもとづい

て、自分の考えを発信したり、あるいは他人の考えを受信する活動に従事します。この作業に従事する過程で、学習者はリスニングだけでなく、話すことはもちろん、場合によるとライティングの学習活動にも合わせて従事します。この活動こそコミュニケーション活動そのものです。コミュニケーション指向の学習活動において、タスクが利用される理由は、以上の点にあります。

このように複数の学習者によるコミュニケーション活動を前提としたタスク・リスニングを、とくにコミュニカティヴなリスニング・タスクと呼ぶことができます。次にあるのはこの活動例です。

59 ◆「内容理解のため」-2　タスク・リスニング jigsaw listening を使って

教員は以下の文を順不同で、1つずつそれぞれの学習者に読み与えます。学習者は与えられた文を記憶したり、あるいはノートに書き留めます。全員、文が与えられたら、グループで自分の文を出し合います。そして話し合いながらそれらを正しい順序に並び換えます。

One day, a boy and his father went fishing in the river.
They caught three big trout and they were on their way back.
When they were near their house, a bear came out and attacked them.
The father was killed on the spot and the boy was injured.
So the boy cried for help.
Some people came to help him.
Quickly he was sent to the hospital.
The doctor saw the boy and said, "Oh, my God, it's my son."

これはジグソー・リスニング（jigsaw listening）という活動です。ジグソー・パズルを完成させるように、互いに与えられた情報を発信し受信しながら、課題の達成に取り組みます。上の活動例では、英文は口頭で与えられていますが、1枚に1文が書かれたカードなどを利用して文字で与えることも

できます。なお、最初の文と最後の文をあらかじめ指定しておくこともできます。

　全部で8文ありますが、1クラスをいくつかのグループに分け、適宜、上の8文のなかから省略し、グループ内の人数に合わせることができます。

　上の活動例では、各グループで学習者は自分に与えられた英文を明確に伝達し、他の学習者の英文を正確に聞くという、つまり、発信と受信というコミュニケーション活動に取り組みます。さらに上の例では、この物語の最後にある下線部 "Oh, my God, it's my son." の解釈についても、あわせて話し合います。このように双方向のコミュニケーションに取り組むことで、学習者は互いに、社交の場で現実に取り交わされる言語の使い方を、教室という人為的な状況で疑似体験できます。

　次の例は、教科書のテキストを題材としています。先の例よりも、少人数のグループによる活動を想定しています。

---

60 ◆「内容理解のため」-3　タスク・リスニング　テキストを使用して

　教員は「おち」のある小話を学習者に聞かせます。しかし、最後の「おち」あるいはパンチラインは、あえて聞かせません。
　学習者は先ず、個人でその「おち」がどうなるのかを想像します。
　次に、ペアを組んでお互いの考えを意見交換します。さらに、4、5人のグループで意見交換し、各グループでもっともユニークと思われる「おち」を、グループの代表者がクラス全体の前で発表します。

　上の活動でもやはり、学習者は聞いた情報にもとづき、お互いの意見を交換します。これがポイントとなります。「おち」がない場合、話の結末を自由に想像させるだけでも、活動の効果はあります。

　なお、学習者にとって自分の意見を、いきなりクラスの前で発表することは、精神的にたいへんな負担となります。先ずペアで、次に小グループでと段階を踏むのは、そのような緊張を学習者に与えないためです。ただし、い

表3　negotiation of meaning の具体的な方法

1）反復を求める：与えられた情報が聞き取れない場合、そのまま同じ言葉で繰り返すことを要求する。例、「今、おっしゃったことを繰り返して下さい。」("Could you repeat that again?")

2）言い換えを求める：与えられた情報を、より簡潔な言葉で説明することを要求する。例、「～という言葉の意味が分かりません。どういうことですか。」("I don't understand what you mean by ...?")

3）確認を求める：情報を正確に理解したのか不安で、その確認を要求する。例、「～と言われたよう思いますが、間違いないですか。」("Did I understand you to say that ...?")

4）明確さを求める：与えられた情報だけでは十分理解できないので、分かりやすいように、より明確な説明を要求する。例、「（～だけでは分かりませんので）～を具体例をあげて説明して下さい。」("Could you give me an example of ...?")

5）理解を深める：与えられた情報の細部に関してさらに知識を深めるために、補足的な、あるいは専門的な説明を要求する。例、「～の点について、よく分かりましたが、さらに補足して説明して下さい。」("Could you tell me more about ...?")

6）関連を求める：話しのなかでは直接は触れられなかったが、関連した周辺の情報の提供を求める。例、「～に関して述べられましたが、（関連の深い）～についてはどうですか。」「～と次のこととは、どう関連しているのですか。」("What about ...?" "What is the relation between this and ...?")

7）問題点を指摘する：話しのなかで触れられた問題点に関して異論を唱えたり、情報のソースなどについての正当性を問い正す。例、「どうして～という結論を出されたのですか。」「どうして、～から情報を引用したのですか。」("Why did you conclude that ...?")

Based on Celce-Murcia, et.al.（1991：102）

きなりペア活動に入るのは避けるべきです。最初に個人で意見をまとめる時間を確保しないと、ペア活動に入ったときに、十分な意見がないため相手に頼ろうとする学習者も現れます。

　また、この種の活動で使用する教材は、中学校や高等学校では、普段使用している教科書より対象学年やレベルが一段やさしい教材から選ぶのが、ふさわしいでしょう。さらに、教材の小話はメディア機器を利用するより、教員が口頭で与えるのがよいでしょう。学習者の反応を見ながら、ゆっくり話したり、言い換えたり、繰り返すことができます。

　以上の２つの活動例ように、タスクというコミュニケーション指向の学習活動において、現実的な言語の使い方を疑似体験できることは、たいへん重要な意味を含んでいます。それは次のような理由によります。

　実際のL1のコミュニケーションの場で、私たちはさまざまな場合に直面します。相手の言うことが難しくて理解できない場合、理解できても納得できない場合、あるいは、さらに詳しい情報を求めようとする場合などがそうです。このようなとき、私たちは即座に、表3の1) から7) にあるような言語活動に従事し、コミュニケーションを続けようとします。L1のこのような言語活動を、学習者はL2の環境のなかで疑似体験し、前頁表3中にある英語表現を習得します。これによって、より現実的なコミュニケーション能力を高めることができるでしょう。

◆ Bottom-up リスニングと top-down リスニング

　「内容理解のためのリスニング」として、「質問に答える形式」と「タスクに対応する形式」の２つをあげました。どちらの場合でも、聞いた内容を理解する方法には、bottom-up リスニングと top-down リスニングの２つがあることが知られています。

　Bottom-up による方法では、音声として耳から入る特定の単語や構文などの言語情報だけをたよりにしてリスニングの内容が理解されます。たとえば、

数値や時間や位置などについての情報をとくに知りたいと思うときは、聞き手はたいていの場合、そのことについて直接言及している言語情報からその情報を得ようとします。聞いた内容から、情報をこのようにして得る方法が、bottom-up リスニングです。

次の活動例としてあげたクローズ・テスト（cloze test）は、bottom-up リスニングの典型的なものです。

61 ◆ Bottom up リスニング-1　クローズ・テストを利用して

意味のまとまりのある英文から、あらかじめ一定の語数ごとに語を省き、空欄とした以下のようなワークシートを、学習者に配布します（ここでは、空欄に単語を記入しました）。学習者は、完全な文章を聞きながら、空欄に単語を補充します。

> Everyone reading this book (has) had some kind of (teaching) and knows what it (is) to be a student. (Everyone) owes something to professional (teachers). Let us begin, then, (by) looking at them. What (kind) of people are they, (and) how do they work?

リスニングしながら空欄を補充する活動として、クローズ・テストがあります。この方法は、本来は読解力の測定のために考案されましたが、ここではこれをリスニングの活動に応用しています。学習者は提示された英文を聞きながら、一定の語数ごとに空欄となった部分を埋めます。この活動例では、5語ごとに空欄を設けています。一定の語数ごとの単語を抜くことで、内容語と機能語とは文中では同じ強さの stress を置いて発音されないことや、また、機能語については実際に文章のなかで発音されるときには、たいていは弱形で発音されることにも学習者の関心を向けられます。なお、内容語と機能語については p.139 を参照して下さい。

ここではクローズ・テストの形式を取っています。この形式だと学習者には難しいと思われるのであれば、空欄に入れるべき語句を、あらかじめ用意した選択肢から選べるようにもできます。

次の例でも、学習者はほしい情報を提示された特定の言語情報から得ようとするので、bottom-up リスニングの課題例です。

---

62 ◆ Bottom-up リスニング-2　　テキストの間違いをさがす

教員は、意味のまとまった英文を読みます。読む英文のテキストを学習者に与えますが、テキストとは異なって読む部分が5つあります。学習者はそれらが何であるかを聞き取ります。5つの部分のなかには、テキストには書かれていないのに読まれる個所や、書かれているのに読まれない個所や、間違って読まれる個所があるかもしれません。

この活動に使用される教材としては、学習者が普段、読解などで使用しているよりは、ややレベルがやさしいものを使用すればいいでしょう。

ここでは、英文が読まれていますが、歌を利用することもできます。上の活動例と同様に、あらかじめ歌詞を与えるのですが、実際に歌われるものとは何ヵ所が間違っている部分があり、それを探すという課題を与えることができます。

次の例では、歌を教材として用いています。リスニングでは歌詞のなかの空欄を補充するという他に、次のような方法が考えられます。ゲーム感覚が強くなります。

---

63 ◆ Bottom-up リスニング-3　　歌詞を利用してゲーム感覚で

教員は、最初は歌詞を配布せずに、歌を流すだけにします。学習者はこれを聞きながら、聞き取れたと思う単語をできるだけ多く書き取ります。

次に書き取った単語を、4、5人のグループのなかで見せ合います。そして、他のグループが聞き取れていないと思われる単語10個を、各グル

ープ内で制限時間内にあげます。時間がきたら一斉に、グループの代表者がこれら 10 個の単語を板書します。
　各グループが書き終わると、もう一度、歌を流しますが、今回は歌詞を同時に配布します。聞き終わったら、実際に歌詞に出てこなかった単語を板書から削除します。削除し終わって残された各グループの単語のなかで、他のいかなるグループもあげていない単語があれば、1 単語につきこれを 1 点とします。そして、最高点を取ったグループを勝者とします。

　同様の形式の活動は、歌詞を利用する他に、教科書が音読されている録音教材を使っても実施できます。
　これまでの例では、ワークシートなどで情報が文字で与えられ、これにもとづいて学習者はリスニングの活動に従事しました。次の例では与えられる情報は文字ではありません。

64 ◆ Bottom-up リスニング-4　表や図を完成する

　教員は、下記のような日本地図に、各地の天気や最高と最低の気温を記入するように空欄が設けられたワークシートを学習者に配布します。

T : Here is a weather report. Listen carefully and fill in the blanks in the map below.

> In Fukuoka, it will be cloudy, becoming rainy later in the afternoon. In Hiroshima, it will be sunny with scattered rainshowers toward evening. In Osaka, it will be sunny, becoming partly cloudy. In Tokyo and Senday, mostly cloudy. In Sapporo, it will be sunny. Now today's high. In Fukuoka, 30 degrees. In Hiroshima, 27...

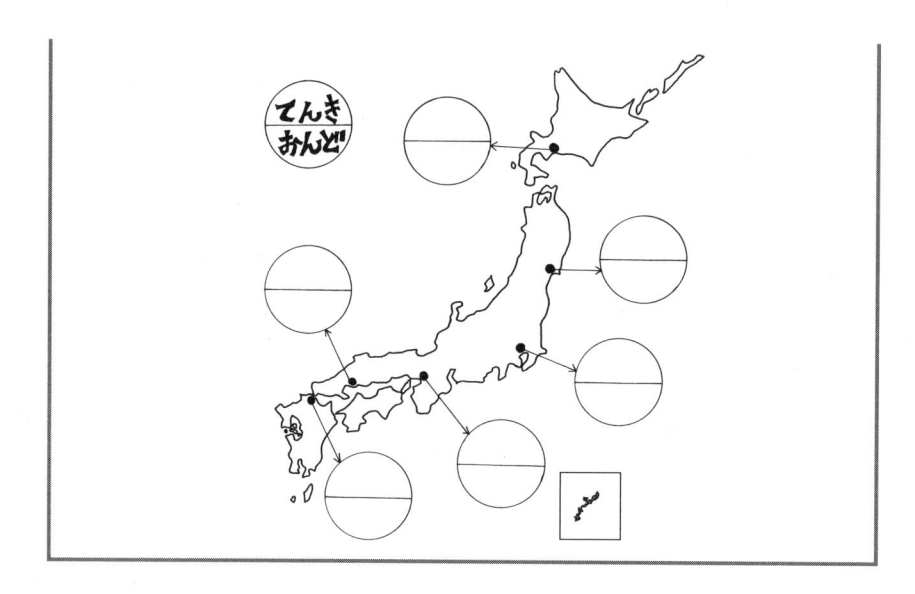

空欄に記入すべき天気の情報は、必ずしも英語で書く必要はありません。天気マークでもよいことを、学習者に知らせることもできます。教材としては、英語によるテレビの天気予報などを利用できます。

　これと同じようなリスニング活動としては、英語のニュースを聞いて相撲の星取表を完成することや、野球の勝敗とその得点の結果などを用紙に書き込むことなどが考えられるでしょう。

　次の例では、絵図が利用されています。

65 ◆ Bottom-up リスニング-5　絵図の間違いをさがす

　学習者には絵図が与えられます。その絵図を描写する英文を、教員は口頭で学習者に読み与えます。しかし、絵図の内容と一致しないことが、読まれる英文には含まれています。学習者はその違いが何かを、聞き落とさないように注意して聞きます。

　この種の課題に使用する絵図については、普段使用している教科書のなか

から、ある特定の絵図を指定し、これを利用できます。色、形状、位置関係、状態や動作など、さまざまなものを描写する表現を学習の対象にできます。

　ここまでの活動例では、bottom-up リスニングがその対象となっていました。次の top-down リスニングでは、耳にする限られた言語情報から、聞き手はこれまでの経験や常識にもとづいて予測や期待を積み重ねることにより、内容を理解しようとします。つまりスキーマを活用することになります。たとえば、ある事件の続報を知りたいが、十分な時間がないとき、ラジオの冒頭に流れる概略だけを聞いて続報のイメージを持とうとします。それが top-down リスニングという、内容についての理解の方法です。
　教室内での top-down リスニングの学習活動としては、次のようなものが考えられます。

66 ◆ Top-down リスニング-1　絵図を選択する

　学習者には、あらかじめ次のような4つの絵図が与えられます。教員は、このうちいずれか3つの絵図に関係のある英文を読みます。それぞれどの絵図に関する英文か、学習者は答えます。

T : Here is a conversation you may hear in one of the places in the pictures. Please guess. Number one: "They don't put too much seasoning, do they?" "The chef is very conservative with spices." Number two: "What's the purpose of your visit?" "Sightseeing." "For how many days do you plan to stay in this country?" Number three: "I want to exchange some dollars for Japanese yen. What is the rate now?" "We list the current exchange rates on the bulletin over there."

　上の活動例では、教員が読む Number two: "What's the purpose..." には、「場面は空港です。観光客が入国審査を受けています。」というように、直接絵図を描写した部分はありません。しかし学習者は "What's the purpose of your visit?" などをヒントに、それはどの場面についての説明か知ることができます。

　他に、特定のスポーツについての説明や実況中継を聞いた学習者が、それが絵に書かれたどのスポーツについてかを答える、などの方法があるでしょう。あるいは、普段使用しているテキストのなかの複数の絵を指定し、描写するのはそのなかのどれかを、学習者が答えることもできます。

　次の例も、top-down リスニングの例となります。

67 ◆ Top-down リスニング-2　絵図を正しく並び換える

　学習者には話の筋が一貫している数枚の絵図が与えられます。その絵図についての英文を教員は読みますが、その英文が読まれる順番には、その絵図は並んでいません。英文を聞いて、学習者は順不同になった絵図を正しく並び替えます。

　もちろんL1では、私たちはbottom-upとtop-downの両方を意識せずに、適宜、使い分けて内容の理解に努めています。聞き取れなかった特定の言語情報があれば、つまりbottom-upでは得られなかった情報Aについては、続いて耳にする情報Bから、Bに関係する経験的な知識などを助けとして、すなわちtop-downによって、情報Aを推測します。そしてその推測したことが、はたして正しいのかどうか、さらに続く、別の言語情報Cから、つまりbottom-upリスニングによって、確認します。

　たとえば、ラジオの天気予報でアナウンサーが「晴れ」と言ったのか「雨」と言ったのか聞き取れなっかた場合、その聞き取れなかった情報Aについては、続いて流れる情報Bから「晴れ」か「雨」かを推測します。もし情報Bが「大陸からの移動性高気圧が日本に張り出してくるでしょう」であったなら、聞き手は「晴れ」を推測することになります。そして、その推測が正しいのかどうかは、続いて流れる別の言語情報Cである「降水確率は0%でしょう」によって確認されます。

　このようにbottom-upとtop-downは車の両輪のような役目をしながら、聞き手の理解を助けているのです。

　次にあるのはbottom-upリスニングとtop-downリスニングを、同じ教材を使用しておこなっている例です。

68 ◆ Bottom-up リスニングと Top-down リスニングの組み合わせ

> T : Now listen to the tape and guess where we are now.（空港で交わされる典型的な会話が録音されたテープを聞かせる）Where are we, S1?
> S1 : Airport.
> T : Yes, we are at the airport. Now let's listen to the conversation after that. Where is the man leaving for? And what time is he leaving?
> （さらにテープの続きを聞かせる）

　この種の活動の教材としては、学習者が使用していない過去の教科書のテープなどを利用できます。

　また、教材により、1回目に聞くときには、その場面の様子を答えさせるような質問を前もって与えておき（あるいは聞いた後で与え）、2回目に聞くときには、細部の情報に関する質問を学習者に与えておき、聞いた後でその回答を求めることもできます。つまり、学習者は1回目では top-down の、2回目では bottom-up のリスニングをおこないます。

　これと同様の活動として、もし教材が最後に「おち」のある小話であれば、その「おち」の部分は聞かせないで、top-down リスニングを対象とした質問（たとえば場面はどこか、登場人物は何人かなど）を課題として先ず与えます。次に、その「おち」は、どのようなものかを学習者に考えさせたり、話し合わせてから、bottom-up リスニングのために、その「おち」の部分だけを最後に聞き取らせることもできます。

　お分かりのようにリスニングには、top-down と bottom-up の2つの方法があり、これらを有効に活用して耳からの情報を処理しています。L2 でのリスニングの教材を作成したり、あるいはその教材を使って指導をする場合、これら両方の情報処理の方法があることをつねに念頭に置く必要があります。どちらか一方に偏っていては、実際的なリスニングの指導は困難になります。「質問に答える形式」であっても「タスクに対応する形式」であっても、「内容理解のためのリスニング」の課題として top-down と bottom-up の

両方の要素を含んでいることが望ましいと言われるのは、以上の理由によります。

§5 「音声システム理解のためのリスニング」

「内容理解のためのリスニング」は、耳から得る情報の、とくにその意味の理解に焦点をあてた学習活動です。しかし、意味を正確に理解するには、英語の特徴的な音声システムを知っておく必要があります。ここでは、その音声システムへの学習者の関心を高める活動を紹介したいと思います。

◆ リアル・タイムのパーシング

パーシング（parsing）とは、学習者がL2の意味を理解するのに、その文が文法的にどのように構成されているかを、意識的にせよ無意識的にせよ、分析する過程を意味します。

たとえば、"The boy ate lunch." の文章を完全に理解するには、誰が行為を起こし、その行為によって何が影響を受けたのかを理解できなければなりません。このためには、"boy ate" よりも "ate lunch" が一連の意味を構成する語のグループであると学習者は分析できなければなりません。つまり、学習者はどの部分が名詞句（the boy）で、どの部分が動詞句（ate lunch）なのかを知ることになりますが、この過程がパーシングです。

パーシングには、さらに bottom-up なものと、top-down なものとに分けることができます。Bottom-up なパーシングとは、音声から単語へ、単語から句へ、句から文へと、順に学習者が組み立てる過程です。すなわち、"the" は "boy" とつながって "the boy" という名詞句を形成し、"ate" は "lunch" とつながって "ate lunch" という動詞句を形成し、そして、名詞句と動詞句とが連結し全体として文を形成していると分析し、この意味を理解します。この

第4章●リスニングの指導

場合、学習者は、冠詞は名詞句の先頭に位置し、動詞は動詞句の先頭に位置するという知識をもっており、この知識を bottom-up のパーシングに役立てます。

　Top-down なパーシングとは、文全体を概観し、どれが名詞句か、どれが動詞句かを分析する過程のことです。すなわち、文単位での、上がり下がりのイントネーションなどを手がかりに、どれが名詞節かどれが動詞節かを知ることになります。

　ある報告では、リスニングの能力に長けた学習者は、top-down と bottom-up のパーシングを適宜利用して意味を理解しようとします。先ず、top-down により文章を大まかに句の単位に分析し、bottom-up のパーシングを利用して、その句内の詳細な情報を分析する傾向が強いとされています。反対に、不得意な学習者は、どうしても bottom-up のパーシングにだけに頼ろうとする傾向がある、とされています。パーシングを利用できない学習者は、最悪の場合、逐語訳を試みることで意味を取ろうとするでしょう。

　耳からの情報を理解するには、リアル・タイムでパーシングできることが要求されます。このためには、英語の音声システムを理解していることが大切です。以下では、ポーズと上昇調と下降調からなるイントネーション、子音＋母音の連結（linking）、そして機能語における母音の弱音化（reduction）や語頭子音および語尾子音の脱却、という英語の音声システムの特徴を取り上げ、学習者がこれらを理解するための具体的な活動例を紹介します。

　なお、「音声システム理解のためのリスニング」の活動は、発音指導のための活動例からもヒントとしてほしいと思います。第5章も参考にしてリスニングの指導に役立てて下さい。

◆ポーズとイントネーション

　文単位内でのポーズの位置とイントネーションの上がり下がりが、文意を把握する上でどのような働きをするかは、次のようにして学習者に気づかせ

ることができます。

69 ◆「音声システム理解のため」-1　ポーズとイントネーション 基本編

　教員は学習者に次のような英文が書かれたワークシートを与え、それを適切な箇所でポーズを置いて読みます。学習者はこれを聞き、ポーズが置かれた部分にスラッシュ（/）を入れます。またポーズの直前で声が上昇したか下降したかを、矢印で示します。

> The man ate breakfast.
> The man in the park is selling ice-cream.

ポーズを置く位置とイントネーションは、次のようになるでしょう。

　　The man ⤴ (/) ate breakfast.
　　The man in the park ⤴ (/) is selling ice-cream.

　類題をさらに与えた後、上昇調でポーズを置く場合の共通点を学習者に考えさせます。このようにして、名詞句と動詞句の間のポーズと、ポーズの直前のイントネーションの特徴に気づかせることができますが、これは top-down のパーシングを意識的にせよ、無意識的にせよおこなうためには大切なことです。

　文字に書かれた英文の意味を把握するためには、句読点は大切な役目を担っています。同じように、発話された英文の意味を把握する上で、ポーズとイントネーションがどれほど重要な役目を果たしているか、学習者は次のような活動によって、さらに理解を深めることになります。

70 ◆「音声システム理解のため」-2　ポーズとイントネーション 応用編

　T : Listen carefully. I am going to read two pairs of sentences. What is the difference in the meaning between each pair?

> a) "Mary," said the teacher, "is smart."
> b) Mary said, "The teacher is smart."
>
> a) My brother, who lives in New York, has two sons.
> b) My brother who lives in New York has two sons.

　この課題では、音声から先ずそれぞれの意味の違いを学習者は考えます。その後で、教員は引用符やコンマが付されていない英文を提示し、次に、その英文の適切な場所に学習者は引用符とコンマを付します。最後に教員は、上の活動例にある、引用符とコンマが正しく付された英文を、学習者に提示するとともに、それぞれのペアの意味の違いを説明します。

　このような作業により、ポーズとイントネーションの特徴を知ることは、発話された英文の意味を理解する上でいかに大切か、学習者の意識を高めることになるでしょう。

◆子音＋母音の連結

　「子音＋母音」の連結（linking）に関する意識を高めるため、次のような方法があります。

> **71 ◆ 「音声システム理解のため」-3　「子音」＋「母音」の linking**
>
> T : Now, how do you pronounce this word?（"get"を板書する）S1.
> S1 : "Get"
> T : Good. How about this word?（"it"と板書する）S2.
> S2 : "It"
> T : Good. When we put them together, we pronounce...（"get it"と続けて読む）Well, how does it sound like and why?

　この活動では、教員の "Well, how does it sound like and why?" という質問に

対しては、できれば学習者に考える時間を与えたいものです。そうすることで、学習者は連結を理解することができます。

また、上の活動例のなかの "get it" では、アメリカ英語の場合 /geDət/ と発音されます。つまり母音に挟まれ、そしてとくに先行の母音にストレスがあるときの /t/ は有声音化する弾音化（flapping）という現象にも、ここでは言及できます。なお、弾音化と連結について、より詳しくはそれぞれ第5章 p.155 と p.160 を参照して下さい。

◆機能語における母音の弱音化など

英語ではそれぞれの単語は、その意味的な働きにより機能語（function word あるいは functor）と内容語（content word）に分けられます。機能語とは、それ自体はほとんど意味を持たないのですが、文中で、あるいは文と文の間で文法的に機能する語のことです。接続詞、前置詞、冠詞、代名詞がこれにあたります。また内容語とは、それ単独で使用されても意味を持つ語で、名詞、動詞、形容詞、副詞のことです。

機能語における母音の弱音化などを説明する前に、機能語とは何かを明確にしなければなりません。機能語と内容語の違いは、学習者は次のような活動によって理解できるでしょう。

---

72 ◆「音声システム理解のため」-4　機能語と内容語の違い

教員は、次のような英文を学習者に与え、この英文を電文体の文章に書き改めように指示します。学習者はもとの英文が、できるだけ短くなるように、なくても意味が通じるような語を削除して電文を作成します。

"My sister will arrive at Auckland International Airport on Monday at 10:00. Please meet her at the Air Bus Station and drive her to Cintra Lane Hotel."

電文は、以下のようになるでしょう。

"SISTER ARRIVE AUCKLAND INTERNATIONAL AIRPORT MONDAY 10:00 MEET AIRBUS STATION DRIVE CINTRA LANE HOTEL."

このときに削除される語が、機能語と呼ばれるものであることを学習者は理解することができるでしょう。

機能語に含まれる母音は、文や句レベルでは通常、弱音化（reduction）され、あいまい母音の schwa、すなわち /ə/ として発音されます。学習者には、これを次のようにして気づかせることができます。

---

73 ◆「音声システム理解のため」-5　機能語の母音の弱音化

教員は以下の内容を板書し発音します。同じ単語でも左側のように単独で発音される場合と、右側のように句や文中で発音される場合とでは、下線部の母音は発音記号で示したように、著しく異なります。このことに学習者の注意を促がします。

them	/ðem/	Give them a break.	/əm/
and	/ænd/	apples and oragnes,	/ənd/
as	/æz/	as sweet as sugar,	/əz/
to	/tu:/	He went to the bank.	/tə/

なお、上の活動で学習者に発音記号を提示するかどうかは、学習者の到達度や関心の度合いによって決めることになるでしょう。これは次の2例にもあてはまることです。

また機能語、とくに代名詞では、語頭の子音が発音されないか、弱音化します。それは次のような例をあげて学習者に気づかせることができます。

74 ◆「音声システム理解のため」-6　代名詞の語頭子音の脱落

　教員は以下を板書し発音します。下線部の代名詞は単独で発音される場合は強形で発音されますが、文章のなかでは語頭の子音は発音されないで弱形で発音されることが、次の例により学習者は気づくでしょう。

> Where did <u>he</u> get it?
> I saw <u>her</u> in the morning.
> Why didn't you tell <u>him</u>?

　さらに機能語、ことに and と of の場合、文や句のなかでは語尾の子音が発音されないことも説明したいものです。

75 ◆「音声システム理解のため」-7　機能語の語尾子音の脱落

　教員は以下を板書し発音します。同じ単語でも、右側のように句や文のなかで発音される場合は、機能語の語尾に位置する子音は通常は発音されません。このことを次のような例から、学習者に説明できるでしょう。

<u>of</u>	/ɔv/	a cup <u>of</u> coffee	/ə/
<u>and</u>	/ænd/	cream <u>and</u> sugar	/ən/
<u>and</u>	/ænd/	now <u>and</u> them	/ən/

第5章 発音の指導

§1 概説

◆何を模範とするのか

　発音の学習をする場合、どのような英語を模範とすべきなのでしょうか。現在、世界で3億2000万人から3億8000万の人たちが、L1として英語を話しており、これらの人々のほとんどはアメリカ、イギリス、カナダ、オーストラリア、ニュージーランド、アイルランドに住んでいます。日本では、英語は EFL の環境で教えられています。したがって模範とすべき英語は、以上の6カ国のいずれかの国において標準とされている英語ということになります。すなわち、これらの国において、地域や社会的なグループによるばらつきが見られず、たいていはその国で全国ネットの放送局のキャスターによって話されている英語と言うことができるでしょう。

　もし模範とする英語をイギリスで話されている英語とするならば、標準的なものは Received Pronunciation（以下 RP と略す）と呼ばれるものですし、アメリカで話されている英語とするならば、General American English（以下 GAE と略す）と呼ばれるものになります。

　RP とは、もともとはロンドンやその近郊であるイングランド南東部の上流者階級によって話されていた Southern British とか Southern English と呼ば

れていた言葉で、パブリック・スクールやオックスフォード大学やケンブリッジ大学などの教育の場で使用されていた英語のことです。現在では、この話し方は地域による特徴が少なく、社会的に見識ある言葉として広く話されていますが、生来話しているのはイギリスの人口の3%から5%にすぎないとされています。

　GAE とは、現在、アメリカにおいてごく一般的に話されている英語で、中西部の北部に住む人々によって話されている英語が、その代表だとされています。しかし、特定の社会的なグループや地域でしか話されていない英語は、この範疇には入りません。地域的には、アメリカ南東部、ニューヨーク市、そして東部ニューイングランドで話されている英語は、通常、GAE には含めません。なお、アメリカ南東部とは、一般にはアラバマ州、ジョージア州、サウスカロライナ州、フロリダ州のことで、東部ニューイングランドとは、おおむねメイン州、ニューハンプシャー州、ヴァーモント州のことです。

　したがって、GAE と RP とでは性質は異なっています。GAE は地域性が強く、RP は社会的な背景が強いと言えます。

◆ GAE と RP との違い

　模範とする英語は、指導する多くの教員自身がこれまで慣れ親しんだ英語の影響で、どうしても GAE か RP が中心になります。それでは GAE と RP にはどのような違いがあるのでしょうか。とくにイントネーションと母音に大きな違いがあります。たとえば、top に含まれる母音は GAE では /ɑ/ と発音されるのに対して RP では /ɔ/ となります。他に car などに見られるように、母音の後の /r/ が GAE では発音されるのに対して、RP では発音されないことなどがあげられます。また /ns/ という子音連結（consonant cluster）を、GAE ではしばしば /nts/ と発音される傾向にあり、したがって tense と tents、そして prince と prints はそれぞれ同じように発音されるようです。さらに

第5章●発音の指導　143

GAE の傾向として、Don と dawn に含まれる母音や、calm と saw に含まれる母音を区別しない傾向にあることが指摘されています。

◆何を学習するのか

　発音の指導は、分節的（segmental）な指導と超分節的（suprasegmental）な指導に分けることができます。分節的な指導は、ある特定の母音や子音を対象におこなわれますが、超分節的な指導は、母音や子音の枠を超えてストレスやイントネーションなどの要素を含めておこなわれます。もちろんこの超分節的な指導では、連結（linking）、同化（assimilation）、それに機能語の弱音化（reduction）という英語の音声システムの特徴も合わせて、学習の対象になります。

　コミュニケーション能力の育成を目指す英語教育では、分節的な発音の誤りはローカル・エラー（local error）と、また超分節的な発音の誤りはグローバル・エラー（global error）と考えられています。つまり、日常のコミュニケーションにおいて、話者の意図は個々の音声よりも超分節的な特徴に依存していることを意味します。しかし、これが逆に思いがけない誤解を生むこともあります。

　サンフランシスコのある新聞のコラムに、誤ってスタインベックの *Of My Cement* という本を貸してほしいと図書館に来た学生の逸話が、掲載されたとのことです。この誤解は、*Of Mice and Men* との超分節的なレベルでの類似性が原因しているのですが、それほど英語を L1 とする人は、日常の発話のやり取りを、超分節的な音声システムに依存していることを物語っています。

　したがって、L1 を英語とする人の立場からは、分節的な発音指導よりも、超分節的な発音指導のほうがより現実的である、という議論もうなずけます。また、分節的な音声システムの知識は、超分節的な音声システムの学習のなかで自然に身につくものである、というのももっともなことです。

しかし、日本語を L1 とする学習者に共通して特定の母音や子音の発音が難しいと思われる場合や、学習者自身が気づかずある特定の音声を間違って発音する場合、分節的な学習もおろそかにすることはできません。

§ 2 ● 分節的な発音指導

分節的な発音指導では、特定の母音や子音が対象になります。ここでは、単語のどの部分に位置するかによって発音が微妙に異なる異音（allophone）にも触れ、具体的な指導の具体例を提示します。

◆ ミニマル・ペアや文脈のなかで

分節的な発音の指導では、ミニマル・ペア（minimal pair）がよく利用されます。ミニマル・ペアというのは、母音や子音の一部分が違うだけで意味が異なる2つの単語の組み合わせで、たとえば、次のような組み合わせがそうです。

| { she / sea | { best / vest | { sink / think | { bad / bed | { fun / fan |

これらのペアを練習することで、それぞれのペアに含まれる特定の子音や母音の発音を、他の音と比較して学習できます。したがって、特定の音声への学習者の注意を喚起するには有効です。

発音指導は、学習の対象となっている言語材料を、音声として教員が提示し、それをモデルに学習者が模倣することによりおこなわれます。とくに分節的な発音指導では、先ず、ある特定の音を他の音と区別して聞き取れ、その上で発音できることがポイントになります。

ここでは、最初に、学習の対象となっている音を学習者が間違いなく聞き

取れているか確認する活動から紹介します。学習の対象としてあげている音声は子音が中心となっています。英語をL1として話す人の母音には、国や地域によってかなりの差があります。子音はこの点、母音ほどの差はありません。したがって、特定の国や地域で使用されている母音を正確に発音しようとすることも大切ですが、それよりも、子音を正確に発音することのほうが、より広い地域や国の人々とのコミュニケーションを考えると、いっそう重要です。

母音が子音と比較して一定しないのは、母音は舌の位置と口のあき具合という流動的な2つの要素によって決定されるのに対し、子音は音の作られる位置（たとえば、歯と唇の部分など）、音の作られる形態（たとえば、一時的に息を止めて一気に排気するなど）、そして声帯を震わせるか震わせないかという、個人によって差がおきにくい3つの要素によって決定されるからです。

---

76 ◆分節的な指導-1　ミニマル・ペアを利用して

　教員はミニマル・ペアである 1. she と 2. sea を板書し、模範的な発音を示します。続いて、教員は 1. she と 2. sea とを無作為に発音しますが、学習者はそれが 1. she か 2. sea のどちらの単語か、番号で答えます。

　T："She."
　S1：One.
　T："Sea."
　S2：Two.

　さらに、板書したミニマル・ペアとは違った組み合わせで /ʃ/ と /s/ を含む単語（たとえば ship / sip と mesh / mess）を教員が発音し、それが板書した 1. she または、2. sea のどちらに含まれる音と同じか、学習者が答えます。

また分節的な発音の学習は、ミニマル・ペアと Total Physical Response（以下 TPR と略す）とを組み合わせることによってもできます。次にあるのは、

sheep に含まれる母音と ship に含まれる母音を、区別して聞き取れるかどうかを確かめるものです。

---

77 ◆分節的な指導-2　　ミニマル・ペアと TPR を利用して

教員は1枚の紙を学習者に配布します。

T : Draw a ship on the paper.（教員は自らその動作をして学習者に示す）
　　Turn the paper over and draw a sheep.（上と同様）
　　OK. Now, show me your sheep.（学習者は sheep を正しく聞き取っていれば、学習者は自分の書いた羊を教員に見せる）
　　Next, show me your ship.（同じく、学習者は船を教員に見せる）

次の活動では、正しく音を聞き分けているかどうかを、学習者の発話する英文の文脈から判断しようとしています。

---

78 ◆分節的な指導-3　　ミニマル・ペアと文脈を利用して

教員は以下の2つの英文を板書します。

> Don't write with it.
> Don't cook with it.

T : Please respond to what I say by saying "Don't write with it" or "Don't cook with it." OK, here we go. "A pen leaks."
Ss :（一斉に）"Don't write with it."
T : Next, "A pan leaks."
Ss :（一斉に）"Don't cook with it."

また、ビンゴ・ゲームをとおして、学習者が音声を正しく聞き分けることができているか確認できます。通常のビンゴ・ゲームであれば各マス目に数

字が書かれていますが、この活動では文字が書かれています。

79 ◆分節的な指導-4　ビンゴ・ゲームを利用して

　教員は、各マス目に次のような単語が書かれたビンゴ・シートを学習者に配布します。

Kathie	sum	she	thumb
sick	sin	sea	thick
lice	rice	ship	light
shin	sip	Cassie	right

T : Put a circle around the word I say. Say "Bingo!" if you have four circles in a straight line...this way or this way.（と言いながら、縦横を手で示す）
　　Here we go. The first one is "shin". Next one is "rice". Next, "think". Next, "sum". And next one, "Kathie".
S1 : Bingo!
T : ?!?!

　以上、分節的な音声指導のための具体例を4つ紹介しました。このような活動をとおして、ある程度、聞き分けられるようになったと判断されれば、それと平行して正しく発音できるようミム・メム練習します。
　ここでは、有声音（voiced）と無声音（voiceless）の発音が正確に区別されているかの活動です。

80 ◆分節的な指導-5　有声音と無声音の区別をする

　学習者は教員の後に続いて、次のミニマル・ペアの発音練習をします。有声音と無声音との違いが正確にされているかどうかは、手を喉に触れることで分かります。

vase	/veis/		either	/iːðə/
face	/feis/		ether	/iːθə/
zeal	/ziːl/		allusion	/əluːʒən/
seal	/siːl/		Aleutian	/əluːʃən/
gin	/dʒin/		buy	/bai/
chin	/tʃin/		pie	/pai/
dime	/daim/		good	/gud/
time	/taim/		could	/kud/

　ミム・メム練習は、学習者が一斉にリピートしたり（chorus reading）、1人1人リピートしたりする（individual reading）方法があります。有声音と無声音の違いを理解するにも、ミニマル・ペアは効果的です。

　上の活動例では、/v/と/f/, /z/と/s/, /dʒ/と/tʃ/, /d/と/t/, /ð/と/θ/, /ʒ/と/ʃ/, /b/と/p/, /g/と/k/ が、それぞれ有声音と無声音のペアになります。手を喉に触れると有声音の場合は声帯が振動していますが、無声音の場合は振動していないのが分かります。また、有声音の場合は両手を耳にあててふさぐと頭部が「ぶーん」と鳴って聞こえるのがわかりますが、無声音の場合はこれがありません。この他、無声音と有声音の区別は子音だけで、母音はすべて有声音であることを教えることができます。

　特定の音声が正確に発音されているかどうかは、学習者自身、次のようにして知ることができます。

81 ◆分節的な指導-6　発音の正確さを学習者自ら確認する

　黒板の左に she、右に sea を板書します。教室の最後部に立った教員が左手または右手を使って she か sea を指示します。その単語を教壇に立った学習者が発音します。これを聞いた他の学習者が、発音されたのは黒板

第5章●発音の指導　149

に書かれた she か sea のどちらであったかを、左手または右手で指し示します。これにより、発音した学習者は意図する音が正確に発音できているのかを、自ら確認することができます。

　上の方法もミニマル・ペアを応用していますが、これだと多人数のクラスでも利用できます。もちろんどのようなペアを使うかは、教員が決定します。この場合、TPR を利用するのであれば、ペアを文字でなく絵図で提示することになります。「分節的な指導-2」で使用した絵図を利用できます。
　学習者が学習の対象となった分節レベルの音声を、正確に発音できているかどうかは、教員が次のようにして知ることができます。

> **82 ◆分節的な指導-7** realia を使って間接的に確認する
>
> 　提示されたリアリア（実物教材）は英語で何と言うのかを、学習者は単語で答えますが、そのなかに学習の対象となっている音声が含まれています。ここでは /tr/ の音声を学習しているとします。
>
> 　T :(おもちゃの電車を指差して) What is this? It's a toy what?
> 　S1:Train.

　この課題では、学習者の注意は英語で意味をどう伝えるかに集中し、発音に関してはその場しのぎ的なものでなく、学習者のありのままの能力が分かります。
　ただ、学習者に発話させようとする語や句は、学習者が普段から見たり聞いたりして、よく知っているものでないと学習者に余分な混乱をまねき、十分な効果が得られません。
　上の活動例では、学習者が特定の音声を正しく発音できているかを知るために、実物教材を利用していますが、他に絵図や語義を与えることによっても、同じ効果が得られます。次の例ではどのようにして、学習者の潜在的な

発音の能力を確かめようとしていますか。

83 ◆分節的な指導-8　文脈のなかで確認する

ここでは /f/ の発音が正しく発音できているかの確認をしています。学習者は教員の提示する文脈から、/f/ を含む単語を答えることになります。

　T : Sunday comes after Saturday. What comes after Thursday?
　S1 : Friday.
　T : Two and six makes eight. Then two and two makes what?
　S2 : Four.
　T : Shinkansen trains runs very slow or what?
　S3 : Fast.
　T : One comes before two. Then what comes before six?
　S4 : ...A garbage truck?
　T : ?!?!

上の活動例では、与えられた文脈から、学習者は特定の音声を含む単語を発音し答えます。この場合も、学習者の注意は意味に向けられるので、より正確に習得状態を知ることができます。なお、この場合、いきなり /f/ を含む単語を学習者から引き出そうとはせずに、先ず /f/ でない音を含む単語を問い、その後に /f/ を含む単語を問えば、さらに効果的でしょう。

次の例は、やや発散性の要素を取り入れた活動です。この活動例においても、学習者の直接の注意は何を伝えるかという内容に向けられます。

84 ◆分節的な指導-9　口頭発表する作文から確認する

教員は黒板に sing, think を板書します。この２つの単語に含まれる音声が、正しく発音されるかどうか確認しようとしています。学習者はこれらを使って単文を作り、口頭で発表します。

> S1 : I think that he is singing.
> S2 : When I sing that song, I think of her.

　提示される単語には、学習の対象となっている発音の他に、これと混同されやすい発音を含む単語を適宜加えることもできます。
　次に、学習者が学習の対象となる音声を正確に聞き取れ、さらにそれを正しく発音できるか確認できるゲームを紹介しましょう。

85 ◆分節的な指導-10　Gossip Game を利用して

　教員は教室の各列の最後尾に座っている学習者に、次の2つの文のいずれかを小声で伝えます。

1　Draw a ship on the blackboard.
2　Stand up and show me your back.

　最後尾の学習者は、伝えられた文章をそのまま順に前の学習者に小声で伝達します。そして、最後に伝達された最前列の学習者は、指示されたとおりのことをします。

　これは、ゴシップ・ゲーム（Gossip Game）という EFL/ESL の学習活動の1つとしてよく見られる言葉遊びです。
　1の文章では「船（ship）」でなく間違って「羊（sheep）」を黒板に書いたり、2の文章では「背中（back）」でなく「鞄（bag）」を見せることがよく起こります。
　分節的な発音指導をさらに発展させた学習活動では、早口言葉がよく取り入れられています。もともとは英語を L1 とする人々のための、発音矯正に利用されているものです。次にいくつかの例をあげました。

　She said she should shop for some new sports shirts.

I visit every Friday with my four favorite friends.

Thanks for the tickets for the 3:13 train.

She sells seashells by the seashore.

Bess bathed in the bathtub.

Fifty filthy flies fly with a fanfare.

A robin is resting on the red roof.

◆ 異音への意識を高める

　これまではミニマル・ペアなどにより、発音記号で表記した音の違いについて正しく聞き取れ発音できるかが、学習の対象になっていました。しかし、発音記号（詳しくは、後述する簡略表記）による表記が同じでも、その音が単語のどの場所にあるかによって、発音の方法が異なる場合があります。たとえば次の例に含まれる3つの /p/ の音は、それぞれ同じではありません。

　　　　pen　　　/pen/
　　　　spin　　 /spin/
　　　　ship　　 /ʃip/

　Pen のように /p/ が語頭に位置する場合、/p/ は通常、破裂するような激しい息の排気をともないます。これを帯気音（aspiration）と呼んで、とくに [pʰ]（aspirated p）と表記します。Spin のように /p/ が /s/ の音に続く場合は、帯気音のような激しい息の排気はともなわず、とくに [p]（unaspirated p）と表記します。Ship のように /p/ が語尾に位置する場合は、通常、排気はともなわずに唇は閉まったままの状態になり、とくに [pº]（unreleased p）と表記します。

　この強い息をともなう帯気音は、閉鎖無声音（stop voiceless）（すなわち/p/, /t/, /k/）に共通して顕著に見られる特徴ですが、語頭だけでなく、appeal の [pʰ]、detest の [tʰ]、akin の [kʰ] のように語中においても、後にストレスのある母音が続く場合に見られます。

　また、強い息をともなう閉鎖無声音は、[pʰ], [tʰ], [kʰ] の順で弱まります。

これは 同じ閉鎖無声音でも、/p/ は両唇で、/t/ は上歯茎内側で、/k/ は喉の奥で、というように、/p/, /t/, /k/ の順でより口先に近い場所で音が作られるからです。

なお、発音記号の表示の方法で、通常、教科書や辞書などに見られるように pen を /pen/ と表示するのを簡略表記（broad transcription あるいは broad notation）と、また /pʰen/ と表記するのは精密表記（narrow transcription あるいは narrow notation）と呼びます。

このように、簡略表記では同じ音として表記されますが、さらに詳しく分析すると語中の位置によって違って発音されるのを、異音（allophone）と言います。したがって、/p/ には 3 つの異音があることになります。なお個々の異音を、とくに取り上げて表記する場合は鍵カッコ（[ ]）で、その他の場合はスラッシュ（/ /）で表記します。

通常、無声音、有声音に関係なく、閉鎖音が語尾に位置すると排気はともないません。それでは、cab と cap にはどのような発音の違いがあるのでしょうか。両方とも語尾の音は唇は閉じたままの状態なので、音は発せられません。しかし一般に、語尾が有声音で終わる場合は、無声音で終わる場合よりも、直前の母音をやや長い目に強い目に発音します。したがって cab と cap の発音上の違いはこの点にあり、とくにこの特徴を発音標記する場合は、順に /kæːbº/ と /kæpº/ となります。同様に、buzz と bus は、順に /bʌːz/、/bʌs/ と表記されます。

異音のうちの帯気音への学習者の意識を高めるために、次のような活動がよくされます。

86 ◆分節的な指導-11　帯気音への意識を高める

学習者は pen を発音しますが、このときルーズリーフや短冊状の紙片を口の前にたらします。[pʰ] が正しく帯気音として発音されていると、紙片は激しく揺れ動きます。Spin や ship での /p/、つまり [p] や [pº] では動くことはありません。

この場合、紙片の代わりにローソクやライターを口元に置くと、炎が消えます。それほど帯気音は強い息をともなって発音されます。

/p/ に 3 つの異音があるのと同様に、/t/ にも、tip /tʰip/ の [tʰ]、stop /stɔp/の [t]、cat /kætʳ/ の [tʳ] のように 3 つの異音があります。しかし、/t/ にはこれらに加えて [D] または [ɾ] と表記されるもう 1 つの異音があることが知られています。

たとえば、city や dirty に含まれる /t/ のように、前後が母音で挟まれ、後ろに強勢をともなわない母音が続くときはとくに、/t/ は有声音化し /d/ のように発音されます。これが「有声音化された t（voiced t）」または「弾音（だんおん）化された t（flapped t）」と呼ばれる、/t/ のもう 1 つの異音です。この場合、舌先は歯茎を軽く弾くだけで、本来の /d/ とは厳密には異なります。なお、弾音の例は日本語では語中のラ行音に見られます。

この「弾音化された t」は GAE に顕著に見られ、通常、putting /puDiŋ/ と pudding /pudiŋ/、そして latter /læDə/ と ladder /lædə/ などは、ほとんど区別なく発音されることが多いとされています。

もちろん 1 単語のなかだけでなく、文章のなかでもこの現象は起きます。次の例を見て下さい。

---

87 ◆分節的な指導-12　flapped t への意識を高める

T：次にあるのは Tom と Patty との会話です。2 人の会話のどの部分に flapped t が見られますか。7 箇所あります。

　　Patty : Tom, what are you doing this evening?
　　Tom　: Eating alone! What about you, Patty?
　　Patty : Well, Mat and I are meeting the Rods for dinner. Can
　　　　　　you come?
　　Tom　: Cool! Thanks for inviting me.

上の活動例では、下線部が「弾音化された t」として発音されます。この

第 5 章 ●発音の指導　155

ような活動によって、学習者の弾音への意識を高められるでしょう。文中における「弾音化された t」の他の例をあげておきます。

 Ge<u>t</u> ou<u>t</u> of here.　→ /geDəuDəhiə/
 Shu<u>t</u> up!　→/ʃəDəp/
 A<u>t</u> ease!（号令の）「なおれ」→/əDi:z/

§ 3 ● 超分節的な発音指導

　超分節的な発音指導では、ストレス（stress）とリズム（rhythm）、連結（linking）、同化（assimilation）、プロミネンス（prominence）、イントネーション（intonation）などが指導の対象となります。ここではこれらに加えて、バック・チェイニング（back chaining）とシャドイング（shadowing）について、これらを学習の対象とした活動例を示します。

◆ ストレスとリズム

　たいていの単語は複数の音節（syllable）から成り立っていますが、この場合、ストレスのある音節（stressed syllable）と、ストレスのない音節（unstressed syllable）に分けることができます。
  cap-tain　sen-tence　end-less
　上の例では、最初の音節の母音は 2 番目の音節の母音よりも通常強く、時間的にも長く発音されます。2 番目の音節の母音は弱音化され/ə/の発音記号で表示されますが、このストレスのない母音が schwa と言われるものです。
　なお、1 つの単語のなかで pro-nun-ci-a-tion のように、ストレスがある音節が 2 つ（あるいは、それ以上）ある場合、強勢の度合いの順に primary stress、secondary stress と言います。日本の教育現場では、第 1 アクセント、第 2 ア

クセントと呼ばれているものです。

　単語のレベルでストレスのある音節とない音節があるように、文章のレベルでもストレスのある音節とない音節があります。文章レベルのストレス（sentence stress）は多くの場合、内容語（content word）に含まれる音節に置かれ、時間的にほぼ一定の間隔で出現することが知られています。英語の文章にリズムがあるのはこのためです。そして、文章レベルのストレスのある音節に挟まれた、ストレスのない音節の母音は、リズムの谷間で時間をかけず急いで発音され、弱音化された schwa として発音されます。このため文章を発音するのに必要な時間は、そのなかのストレスのある音節の数によると言われます。

　英語の音声システムにはこのような特徴があるため、英語は強勢拍子言語（stress-timed language）と呼ばれ、日本語のように各音節にほぼ同様の強勢がおかれて発音される言語、つまり音節拍子言語（syllable-timed language）と明確に区別します。日本語をはじめ、スペイン語やポーランド語などのような音節拍子言語では文章の発話に必要な時間は、全体の音節の数によって決定されます。

　いわゆるチャンツ（chants）は、英語の持つ強勢拍子言語としての特徴に焦点をあてた指導方法です。文章レベルで、一定の間隔で置かれるストレスの音節にリズムをつけて読むことで、英語の音声システムの特徴が学習できます。

88 ◆超分節的な指導-1　チャンツを利用して

　教員はリズム・メーカーや手拍子に合わせて、次のような文章を、1文ずつ順番にモデル・リーディングします。学習者はそれをリピートします。板書する場合は、それぞれの文章でストレスのある音節に、下線などつけると視覚的にも分かりやすくなります。

　T : Repeat after me. Birds eat snails.
　Ss : Birds eat snails.

> T : A bird eats a snail.
> Ss : A bird eats a snail.
> T : A bird will eat a snail.
> Ss : A bird will eat a snail.
> T : A bird will be eating a snail.
> Ss : A bird will be eating a snail.
> T : A bird will have eaten a snail.
> Ss : A bird will have eaten a snail.

　上の活動で教員がモデル・リーディングする5つの文章については、発話に必要な時間は、ほぼ同じになります。文章レベルで音節にストレスのない機能語（"a"、"will"、"be"、"have"）は弱く、急いで発音されます。文章レベルでのストレスを学習する場合、手拍子やリズム・メーカーが使われるのは、英語の持つ強勢拍子言語の特性を生かそうとしているためです。

　日本語のような音節拍子言語は多くの場合、母音で音節が終わります。これを開音節（open syllable）と呼び、音節が子音で終わる閉音節（closed syllable）と区別します。英語のような強勢拍子音節では、音節は閉音節が圧倒的に多いのです。したがって、日本語をL1とする初期の英語学習者のなかに、I went to see him. を、極端に言えば「アイ・ウェントウ・トウ・シーイ・ヒムウ」のように本来の閉音節を開音節化し、その上、それぞれの音節にストレスを置いて発音する学習者がいます。このような学習者には、文章レベルでのストレスを中心にした学習が必要です。この場合でも、チャンツは効果があります。

　しかし、あまりにもチャンツにとらわれすぎ、教科書にある英文をことごとく、この方法で教えようとしても限度があります。チャンツを利用するにはふさわしくない英文もあります。いきおいチャンツに持ち込んで練習しようとするあまり、本来、ストレスのない機能語までにも誤ってストレスを置いて練習すると、かえって混乱を招きます。

　通常、文章レベルで、一定の間隔で出現するストレスは、前置詞や接続詞

のような機能語でなく、動詞や名詞のような内容語の音節に置かれます。しかし、次の例では、機能語である前置詞や接続詞にストレスがあります。これらは、文章のなかで意味的に重要な要素であるからです。

"Are you for or against it?"

"Both you and me — both of us..."

また、次のような「形容詞＋名詞」からなる名詞句は、どちらの語にストレスを置いて発音するかによって、違った意味を持ちます。

89 ◆超分節的な指導-2　COLD cream or cold CREAM?

黒板に cold cream と書くが、最初は教員は読まない。

T : What is the meaning of this phrase?（しばらく学習者は考える）What do we put on strawberries in the summer time, COLD cream（COLD にストレスを置く）or cold CREAM（CREAM にストレスを置く）?

S1 : Cold CREAM（CREAM にストレスを置く）.

T : Then, what do we put on our face?

S2 : COLD cream（COLD にストレスを置く）.

（以上のようなやり取りを何人かの学習者と取り交わした後で）

T : I'm going to say, COLD cream or cold CREAM. Please respond by saying, "We put it on our face" or "We put it on strawberries." Let's start. COLD cream.

S1 : We put it on our face.

T : Good. Cold CREAM.

S2 : We put it on strawberries.

T : Excellent!

上の活動例では、cold cream が COLD にストレスがある場合と、CREAM にストレスがある場合の意味の違いを、文脈のなかで学習しています。

さらに学習者はペアを組み、1人が言った COLD cream または cold

CREAM に対して、もう 1 人が自分で自由に考えて応答できるようにすると、発散性のある学習活動とすることができます。
　上記と同じような例は他に、次のようなものがあります。
　　head doctor　1)（HEAD にストレスを置く）psychiatrist（精神病医）
　　　　　　　　2)（DOCTOR にストレスを置く）chief of staff（主任医師）
　　green house　1)（GREEN にストレスを置く）glass house for growing plants
　　　　　　　　　　（温室）
　　　　　　　　2)（HOUSE にストレスを置く）house painted green（緑色の家）
以上のように、英語の音声システムで、ストレスは重要な役割をしています。強勢拍子言語としての特性は、さらに、次の連結、同化などに深く関係しています。

◆連結

　英語の文章では、意味のうえからまとまった句を形成する単語は、しばしば一続きに発話されます。このときに起こる現象が連結（linking）であり、英語の学習者にとって、連結がスムーズに発音されることで英語はより自然な響きを持つようになります。とくに注意すべき連結として、次の3つをあげたいと思います。

◎子音＋母音

　先行する単語が子音で終わり、後続する単語が母音で始まる場合、その母音は先行する単語の一部のように発音されます。これは後続する単語が機能語である場合、顕著に起こる現象で、リエゾン（liaison）や close juncture とも呼ばれます。子音の発音形態の別にまとめると、次のような場合が考えられます。
　唇音（labial）（/p/, /b/, /m/, /f/, /v/）＋母音
　　　keep it, grab it, home alone, life in, dive into
　歯間音（interdental）（/θ/, /ð/）＋母音

both of, breathe in

歯茎音（alveolar）（/t/, /d/, /s/, /z/, /n/, /r/, light [l]）＋母音

　　sit on, fade away, kiss on, ooze out, on it, far into, fool around

硬口蓋音（palatal）（/ʃ/, /ʒ/, /tʃ/, /dʒ/）＋母音

　　dash into, beige umbrella, watch out, merge into

軟口蓋音（velar）（/k/, /g/, /ŋ/）＋母音

　　kick it, log in, sing along

◎閉鎖音の子音＋子音

　先行する単語が /t/, /d/, /p/, /b/, /k/, /g/ などの閉鎖音で終わり、後続する単語が子音で始まる場合、閉鎖音は通常、排気されることはなく、後続する子音が発音されるときまで閉鎖の状態が解かれることはありません。これは open juncture と呼ばれる現象です。

　　wet paint, odd jobs, keep climbing, web site, back salary, big bang

◎同じ子音の連続

　先行する単語の最後の子音が、後続する単語の最初の単語と同一の場合があります。このときこれら子音は、1つの長い子音のように発音されます。

　　rob banks, with thanks, keep pushing, big gap, such chance, gas station

◆同化

　ある子音に特別な子音が続くことによって、先行する子音の発音が後続する子音に影響されて、本来の音とは異なって発音されることがあります。これを同化（assimilation）と呼んでいます。代表的なものとして、次のような例があります。

/n/ が後に続く /ð/ に同化されて歯間音化する。（例：on the top）

on の /n/ の音は、単独で発音されるときには舌先が上歯茎に押しあてられて発せられます。しかし例のように、on に the が続くときには、/n/ の音は、the の /ð/ の音に影響されて、舌の先が歯間に置かれて作られます。

/t/ が後に続く /ð/ に同化されて歯間音化する。（例：at the beach）
at の /t/ の音は、単独で発音されるときには舌先が上歯茎に押しあてられて発せられます。しかし例のように、at に the が続くときには /t/ の音は、the の /ð/ の音に影響されて、舌の先が歯間に置かれて作られます。

/n/ が後に続く /b/ に同化されて /m/ の音になる。（例：I can believe it.）
can の /n/ の音は、単独で発音される時は口が開いた状態の鼻音です。しかし例のように、can に believe が続くときには、/n/ の音は、believe の /b/ の音に影響されて、口を閉じた鼻音、すなわち /m/ の音になります。

/n/ が後に続く /k/ に同化されて /ŋ/ の音になる。（例：a game in Korea）
in の /n/ の音は、単独で発音される時は、口部から外への息の流れは舌先が上歯茎に押しあてられて遮断される鼻音です。しかし例のように、in に Korea が続くときは、/n/ の音は Korea の /k/ の音に影響され、口部からの息の流れは、舌の後部が軟口蓋（上顎奥の柔らかい部分）に押しあてられて遮断される鼻音、すなわち /ŋ/ の音になります。

/s/, /z/, /t/, /d/, /ts/, /dz/ に /j/ が続く場合（you や your の場合が多い）、それぞれの音は口蓋音化（palatalization）する。

例：this year　　　　　/s/ +/j/→/ʃ/
　　Does your...?　　 /z/+/j/→/ʒ/

Is that your...?	/t/+/j/→/tʃ/
That's your...	/ts/+/j/→/tʃ/
Did you...?	/d/+/j/→/dʒ/
Who needs your advice?	/dz/+/j/→/dʒ/

英語を L1 とする人々は英語の音声システムが持つストレス、連結、同化、そして第 4 章で詳説した機能語の弱音化などの超分節的な要素に依存して、意思を伝達えようとします。"Of My Cement" のエピソード（p.144 参照）は、これを物語っています。英語圏ではダジャレ遊びに、Knock Knock Joke（or Game）というのがあります。これはここまで説明した英語の音声システムが持つ特徴を生かした言葉遊びです。

90 ◆超分節的な指導-3　*Knock Knock Joke を利用して

A と B との会話を板書します。下線を引いた A の最後の言葉が、なぜダジャレとなっているのか、学習者は考えます。

> A : Knock-knock.
> B : Who's there?
> A : Jamaica.
> B : Jamaica who?
> A : <u>Jamaica</u> Mistake.

＊ネットで検索すると多くの例が見つかります。

上の活動例は、国名の Jamaica /dʒəmeikə/ と "Did you make a" の発音が、超分節的なレベルで類似していることにもとづくダジャレです。Did you の同化（ここではとくに口蓋音化）および make と a との連結などがポイントになっています。

Knock Knock Joke の他の例を挙げておきます。同化や連結以外の英語の特徴的な音声システムも含まれています。学習者が自分たちの創作したものや、検索して見つけた他の例を発表することもできます。

A：Knock-knock.	A：Knock-knock.	A：Knock-knock.
B：Who's there?	B：Who's there?	B：Who's there?
A：Lettuce.	A：Amana.	A：Pudding.
B：Lettuce who?	B：Amana who?	B：Pudding who?
A：<u>Lettuce in</u>, it's cold.	A：<u>Amana</u> bad mood.	A：<u>Pudding</u> on your shoes before your pants is a bad idea.
（cf. Let us in）	（cf. I am in a）	（cf. putting）

◆プロミネンス

　ストレスとリズム、連結、同化、そして、第4章で説明した機能語の弱音化などは、話し手の置かれた特定の状況に関係なく、英語の音声システムでは普遍的に見られる特徴です。この点、プロミネンスとイントネーションは、話者の心理状態に大きな影響を受けます。

　Look at the car. という文では、minor sentence stress は look に、また major sentence stress は car にある、という言い方をします。これは、英語では文章レベルのストレス（sentence stress）は機能語でなく内容語にあり、また、そのなかでもとくに高いピッチで発音される major sentence stress は、文章の最後尾に位置する内容語にあるというルールにもとづいています。Major sentence stress に対する minor sentence stress とは、major sentence stress 以外の文章レベルのストレスを指します。

しかし、このルールは時として話しの流れのなかで、読し手の意識を反映し崩れることがあります。つまり、major sentence stress は話者の心理状態によって本来とは違った語に置かれることがありますが、major sentence stress のこの特徴をとらえて、プロミネンスと言います。

91 ◆超分節的な指導-4　プロミネンスへの意識を高める (a)

　教員は次のAとBとの対話を学習者に提示します。学習者はAとBが使用している言葉から、状況を十分に把握します。次にペアを組んでこの対話を再現します。再現するときには、下線部1) から 4) のなかでは、どの語にストレスを置けばよいかよく考えるように指示します。

> A : 1) Look at the car.
> B : 2) The white car?
> A : 3) The white car with stripes on it.
> 　　4) Blue and yellow stripes.

　下線部1) では、文の最後尾の内容語に major sentence stress があるというルールどおり、car にプロミネンスが現れます。
　2) では white に、3) では stripes に、4) では blue and yellow にプロミネンスが現れます。理由は、それぞれの文中では、これらの単語が2人の会話のなかでは新しい情報だからです。たとえば2) では car はもはや周知の情報であり、ことさら新しい情報として確認したいのは white であり、この white にプロミネンスが見られます。同じように、3) では stripes が新しい情報であり、4) では blue and yellow が新しい情報なので、これらの単語にプロミネンスが現れます。
　さらに、ほかの単語と比較したり対照したりするために、ある特定の語にプロミネンスが現れる場合もあります。次の活動例を見てください。

92 ◆超分節的な指導-5　プロミネンスへの意識を高める (b)

　教員は、先ず新しく買ったセーターを学習者に見せて、その感想を尋ねます。次に、Tシャツを見せて、その感想を聞きます。下線部 1) と 2) の文章のどの部分にプロミネンスが現れるか学習します。

　T : This is the sweater I bought. What do you think about that?　S1?
　S1: Cute.
　T : You think it cute. Thanks. 1) <u>What do you think,</u> S2?
　S2: It looks too big.
　T : You may be right. Then, 2) <u>what do think about this T-shirt?</u>
　（と言って、今度はTシャツについての意見を求める）

　教員と学習者との上のようなインタラクションが終われば、学習者は4,5人のグループに分かれて、1人ずつ自分の持ち物を利用しながら、同じようなやり取りをグループ内でおこなうことができます。

　下線部 1) では What do YOU think? と YOU の部分にプロミネンスが見られます。「S1の意見は分かりました。それでは S2 さん、あなたはどうですか」と、「あなた」の意味が強調されます。また下線部 2) では、「セーターについての意見は分かりましたが、ではTシャツについてはどうですか」と、T-SHIRT にプロミネンスが現れ、その意味が強調されます。

　プロミネンスへの学習の注意をさらに喚起させるには、次のような活動が効果的です。

93 ◆超分節的な指導-6　プロミネンスへの意識を高める (c)

　学習者は次の3つの文章を、それぞれストレスを置く部分に注意して音読練習します。次に、これら3つの文章で応答するような質問文をペア・ワークなどで考え、それを発表します。

　1. I'M listening.（I'M にストレスを置く）
　2. I AM listening.（AM にストレスを置く）

166

> 3. I am LISTENING.（LISTENING にストレスを置く）

　上の 1. から 3. の文章に見られるプロミネンスは、以下の質問に対するものです。

　　1. は Who's listening?
　　2. は Why aren't you listening? または Listen to me.
　　3. は What are you doing?

　さらに 1. 2. 3. の文を再度、口頭練習し、教員の尋ねる Who's listening? Why aren't you listening? What are you doing? の質問に対して、正しいプロミネンスで答えるように練習することで、定着を図ることができます。また、教員の質問に答えた学習者は、次に別の学習者に同じ質問を尋ねるというように、次々に学習者間で練習することもできるでしょう。

◆イントネーション

　イントネーションというのは、文の途中や文末などに見られる文章単位の発話にともなう声の調子の抑揚、つまり声の高さ（ピッチ）の変動のことです。またイントネーションは、文章の末尾にかけてストレスのある音節で急激に声の高さが上昇する上昇調（rising intonation）と、文章の最後よりやや前で上昇し、ストレスのおかれる語（句）で下降する下降調（falling intonation）に分けることができます。

　下降調と上昇調のイントネーションの違いは、原則として以下のとおりです。
　下降調は次の例のように、意思や意見の表明文、命令文、そして wh- や how で始まる疑問文で多く用いられます。

I'd like a glass of beer.（↓）

How are you feeling?（↓）

　上昇調はおもに次の例のように、話者が "Yes" か "No" の返事を相手から期待しているときに使用されます。

Is he your English teacher?（↑）

Would you like some more?（↑）

　この他に、上昇調か下降調のいずれのイントネーションで発話するかにより、また、上昇調ならばその程度により、話者は微妙な心理状態を伝達します。たとえば "Oh" の発話については、イントネーションの変化によって話者が相手の話の内容について、喜んでいるとか、信用していないとか、失望したとか、驚いたとか、いらだっていることなどを相手に伝えます。

　以上のようなイントネーションの特徴を、学習者は次のような活動によって知ることができるでしょう。

94 ◆超分節的な指導-7　3つのイントネーション

　次の3つの場面におけるAとBの会話では、それぞれBの "What?" はどのようなイントネーションで発話されるかよく考えながら、学習者はペアを組んで対話の練習をします。そして、皆の前で発表します。

（場面1）

A : I saw a good movie.

B : 1) <u>What?</u>（=What movie did you see?"）（何の映画ですか？）

A : *Japanese Story*. It's an Australian movie.

（場面2）

A : I saw a good movie.

B : 2) <u>What?</u>（=I didn't hear you, could you repeat?）（何て言ったの？）

A : I said, "I saw a good movie."

（場面3）

A : I saw a good movie.

B：₃) What?（=You who never sees the movies? Unbelievable!）（嘘でしょう。あなたが映画を見るなんて！）
A：Oh, believe me.

1) では下降調で、2) では軽く上昇調で、3) では「驚き」をあらわにして、さらに高いピッチをともなう上昇調で、それぞれ発話されます。

2、3のペアが発表したあと、教員は ALT などの助けを借りて A と B の対話のモデルを示します。次に、学習者は同じような使い方の what を含む A と B の対話を自由に創作して、それを対話練習し発表します。

イントネーションの変化によって、話者のさらに細かな心理状態を伝えることができます。

95 ◆超分節的な指導-8　イントネーションによる心理変化

以下にある A と B との対話を、2つの異なった状況（場面1と場面2）を想定して、学習者はペアを組んで発話の練習をします。そのあと、クラスで発表します。

場面1：A と B は友達同士の若い女性で、ホテルのロビーでコーヒーを飲んでいるところである。ふと見ると、女性の憧れの人気俳優である Bob Chris がロビーの向こう端にいるではないか。

場面2：A と B は会社の同僚で、仕事が終わりホテルのロビーでくつろいでいる。気がつくと、口うるさくて顔も見たくもない上司 Bob Chris がロビーの向こう端にいるではないか。

A：Look at the man who's sitting over there.
B：Where? I can't see so well.
A：Right by the counter. He's reading a magazine.
B：Who is it?
A：I think it's Bob Chris.
B：Bob Chris.

```
A : Oh, he's looking straight at us.
B : Now, I can see him. Yes, it's him.
A : I see him walking...
B : This way.
```

　何組かのペアがクラスで発表したあと、教員は ALT などの助けを借りてモデルを示します。こうすることで、英語の音声システムにおけるイントネーションの果たす役割の重要性を、学習者はあらためて認識することができるでしょう。さらに違った状況をペアで考え、それにふさわしい対話を学習者は演じることもできます。

　文章の末尾にかけて、上昇調のイントネーションで終わる例は、エコー・クェスチョン（echo question）において顕著です。エコー・クェスチョンとは、相手の発話の一部を繰り返すことで、聞き取れなかった部分的な情報を、再度、提示してもらいたいときなどに使用する質問文のことです。

96 ◆超分節的な指導-9　エコー・クェスチョン

　学習者は下記の文を板書により "...WHERE?" の抑揚に注意し、正しく言う練習をします。次に、Paris を好きな都市名に入れ替えて答える練習を、下に示すように学習者間で順におこないます。

```
A : Where do you want to live?
B : I want to live in Paris.
A : You want to live in WHERE?（↑）
B : In Paris.
```

T　: S1, you will be A, and S2, you will be B. S1, you start first with "Where do you want to live?"

> S1 : Where do you want to live? S2?
> S2 : I want to live in Christchurch.
> S1 : You want to live in WHERE?
> S2 : In Christchurch.（ここで教員は S3 を指名する）Where do you want to live? S3?

　もちろん、学習者が次の発言者を指名することもできます。なお、このように次々と連鎖的に同じ練習を続けることを、チェイン・プラクティス（chain practice）と言います。
　またエコー・クェスチョンは、聞き取った情報の確認や、知らされた情報に対する驚きや疑念を表現するときにも使われます。

　A : What are you doing this weekend?
　B : What am I doing?（↑）I'm visiting my friend.

　A : His father was killed in a car crash.
　B : A car crash?（↑）

　また文章の終わりに上昇調のイントネーションを用いる場合としては、他に、平叙文を上昇調で発話することや、平叙文の後に上昇調の Uh?（↑）や Right?（↑）などの間投詞を付加することで、相手に疑問の意思を伝える場合があります。次の例を見て下さい。

　He said he was going to marry her?（↑）
　I don't have to work on Sunday. Uh?（↑）

　これらは、通常の文法からは逸脱してはいますが、日常のコミュニケーションではしばしば起こることであり、会話文をより身近にさせるためにも是非取り上げたい項目です。
　付加疑問文（tag question）では、文末にかけて声のピッチが下がる下降調のイントネーション（falling intonation）と、文末にかけて声のピッチが上が

る上昇調のイントネーション（rising intonation）の2つに分けることができます。頻度としては、下降調のイントネーションを用いることのほうが圧倒的に多いと言われていますが、どちらを用いるかによって、話者の異なった心理の状態を反映します。

　下降調のイントネーションで終わる付加疑問文の場合、話者は発話の内容にほぼ間違いないという自信と持っており、次の例のように相手からの同意や確認を得たいと思っています。

　　A : It's cold today, isn't it?（↓）
　　B : That's the word.（まさにそのとおりですね）

したがって、ときには半ば一方的に意見を押しつけたり、命令的に相手に迫るような状況にも使用されます。

　反対に上昇調のイントネーションで終わる場合、話者が自分の発話の内容に疑問を持ち、次の例のように相手から yes または no の返答を要求したり、さらなる情報の提供を求めようとします。

　　A : I don't have to do the dishes today, do I?（↑）
　　B : Yes, you have to. It's your turn, isn't it?（↓）

付加疑問文のイントネーションと話者の心理状態との以上のような関係について、学習者は次のような活動によって理解を深めることができます。

---

97 ◆超分節的な指導-10　付加疑問文のイントネーション

　教員は、次のような A, B 2人の会話を提示します。下線部の付加疑問文は、上昇調あるいは上昇調いずれのイントネーションで終わるのか、学習者はペアに分かれて考え、それを再現します。

> A : The score was Tigers 10, Giants 1 at the bottom of the ninth inning and we had a power failure.
> B : Nothing exciting happened.
> A : <u>The Tigers won, didn't they?</u>
> B : Yeah.

> A : The score was Tigers 3, Giants 2 at the bottom of the ninth inning and we had a power failure.
> B : Too bad. You missed the most exciting part.
> A : <u>The Tigers won, didn't they?</u>
> B : Oh, they did.

　最初の付加疑問文は下降調のイントネーションで、後のほうは上昇調のイントネーションで発話されます。

　最初の例では、Ａはタイガーズが勝ったことに間違いないと、ほぼ確信しています。9回裏で10対1のスコアですから。また、Ｂの返答の「たいしたことは起きなかったよ」からも、ますますＡは確信を深めます。

　しかし後の例では、9回裏で3対2だったのですから勝敗の予想はつきかねます。さらに、Ｂの応答の「それは残念なことをしたね。ヤマ場を見逃したね」からも、Ａは何かとんでもないことが起こったに違いないと思い、ますます勝負の行方が気にかかります。

◆バック・チェイニングとシャドイング

　超文節的な音声指導の方法として、ここではバック・チェイニング（back chaining）とシャドイング（shadowing）とを取り上げたいと思います。それぞれの指導方法の特徴や理論的な背景は何でしょうか。具体例をよく参考にして下さい。

◎バック・チェイニング

　イントネーションやストレスを教える最もよくおこなわれている方法は、教員のモデルを学習者が復唱練習するというミム・メム練習です。文章単位であれば、次のような方法で教える場合もあります。この長所はどこにある

のでしょう。

> ### 98 ◆超分節的な指導-11　back chaining を使う
>
> 　教員は手拍子などに合わせて次の要領で、文章を順番に組み立てます。学習者はコーラス・リーディングにより反復します。板書する場合は、それぞれの部分のストレスのある音節に、下線や●をつけると視覚的にも分かりやすくなります。
>
> 　T　：Repeat after me. In the park.
> 　Ss　：（一斉に反復する）In the park.
> 　T　：To meet him in the park.
> 　Ss　：（一斉に反復する）To meet him in the park.
> 　T　：She's gone out to meet him in the park.
> 　Ss　：（一斉に反復する）She's gone out to meet him in the park.

　このような反復練習の方法が、バック・チェイニング（back chaining）または、バックウォード・ビルドアップ（backward build-up）と呼ばれる指導方法です。ストレスやイントネーションをより自然な形で学習したい場合に優れています。

　この方法は、いくつかの部分に分けた１つの文章を、文末から順に次々と組み立てることで、超分節的な学習を効果的におこなおうとするものです。文頭からではなく、文末から文章を組み立てる理由は、英語では文章全体から見たイントネーションの流れは、文章レベルのストレスのうちでも、より文末に位置する major sentence stress がどの単語にあるかによって決定されます。したがって、最後から区切って読むことで、次々に読み重ねたイントネーションの流れは最後まで維持されながら、文全体のイントネーションの形態を学習できるからです。

◎シャドイング

学習者のレベルが上達するにつれて、シャドイングを取り入れることができます。Shadow には「影」の他に、動詞で「〜を尾行する」という意味があります。通常のシャドイングでは、学習者は聞いた英文をその場で、そのまま繰り返しますが、次のように、段階を追いながら進める方法があります。

> **99 ◆超分節的な指導-12　shadowing を使って**
>
> T : Please "shadow" the tape. Look at the passage. First, please follow the tape without saying anything. Here we go.
> 　（テープから流れる）"Would you like some tea? ..."
> Ss :（声に出さずに、先ず心のなかでつぶやく）
> T : Next, please "shadow" the tape aloud.
> 　（テープから流れる）"Would you like some tea? ..."
> Ss :（実際に声に出してシャドイングする）"Would you like some tea? ..."

シャドイング（shadowing）とはまさに、教員や録音テープによるモデルについて、学習者がリズムやイントネーションを真似る学習方法を指します。日本では同時通訳の養成で採用されている方法ですが、中学校からの実践例もしばしば報告されています。超分節的な練習としてこれは有効です。慣れてくると学習者にとってもこれほど楽しいものはないでしょう。

シャドイングでは、あらかじめテキストが与えられる場合と、そうでない場合とがあります。テキストがない場合は、もちろん聞き取れた部分についてのみ反復することになります。

また、いきなり声に出して反復するのでなく、1回目は声には出さず心のなかで、そして2回目は声に出す、というように臨機応変に運用することもできます。上の活動例では、そのような場面を想定してみました。

第 5 章●発音の指導　175

第6章 語彙の指導

§1 概説

◆これまでの語彙指導

　語彙の学習は英語学習のなかで、必要不可欠な部分です。しかし、これまでの英語教育では、必ずしもそれにふさわしい学習時間が確保されてきたわけではありません。どうしてもリーディング、ライティング、スピーキング、リスニングという4技能を習熟するための学習に、教員や学習者の関心が移ってしまいがちでした。ここでは、これまでの英語教育において、語彙の学習に対する考え方が、どのように変わってきたのかを概観します。

　かつての文法訳読方式（Grammar Translation Method）では、的確に意味を読みとり理解することが大切とされ、学習者には先ず正確な文法の学習が要求されました。このなかで語彙の学習と言えば、学習者のL1での訳が併記されたリストによって、ひたすら暗記することが中心となっていました。

　また学習の対象となる語彙については、使用された教材が文学作品や評論文が多かったので、どうしても文章を中心に使用される語彙が大半を占めていました。語彙指導はL1による語義の説明が中心で、必要ならば語源にも触れられました。しかし、語彙指導にとくに時間が設けられたわけでなく、文法の学習のためスポットがあてられた構文に、たまたま使用されている語

彙についての説明がほとんどでした。

　文法訳読方式についてのおもな批判は、それが日常的な言語の使用形態を学習の対象とされなかったことと、音声的な要素が軽視されていたことでした。このような批判のなかで、ソーヴェール（Sauveur）が1874年に *Introduction to the Teaching of Living Languages without Grammar or Dictionary* を出版しますが、これは後にダイレクト・メソッド（Direct Method）として知られるようになった学習方法の実践的な指導書となりました。ダイレクト・メソッドという名称は、学習の目標となる言語を学習者のL1を介することなく、直接教えようとすることから、このように呼ばれました。

　ダイレクト・メソッドでは、少人数の学級で教員からのL2による口頭での質問に、学習者がL2で対応するという形式が取られました。この方法をいち早く取り入れた1人がベルリッツ（Berlitz）でした。彼は、1878年にThe Berlitz School of Languagesと呼ばれた語学学校を設置しましたが、授業で使用された語彙は、ごく日常的に使用される簡単なもので、最初の数レッスンでは教室内にあるものの名称や、服、体の部分などの語彙が学習されました。具象名詞（concrete noun）は、そのものにラベルを貼ることや、実際にそのものを提示することによって学習されました。今でも実物教材という意味で使用されるリアリア（realia）という語は、このころから使用され始めました。また、抽象名詞（abstract noun）はいろいろな概念に関連づけながら教えられたということです。

　ダイレクト・メソッドはベルリッツの学校に代表されるような、私的な教育機関では採用されましたが、公的な学校教育の場で実践されることは、ほとんどありませんでした。とはいえ、新たな指導方法として、ダイレクト・メソッドが人々の関心を集めていることも事実でした。このようななかで、オックスフォード大学のウェスト（West）が、教材に使用されている語彙には十分配慮されず、学習者の話すことに重点を置いていたダイレクト・メソッドを批判します。ウェストは *Modern English Journal* という研究誌で、次のように、語彙の学習という視点に立った言語教育の大切さを訴えました。

The Primary thing in learning a language is the acquisition of a vocabulary and practice in using it (which is the same thing as "acquiring"). The problem is what vocabulary; and none of these "modern textbooks in common use in English schools" have attempted to solve this problem. (West,1930 : 514)

ウェストは研究の集大成として、日本ではオーラル・メソッド（Oral Method）で有名なパーマー（Palmer）などの協力を得て、1936 年に *A General Service List*（1953 年に *A General Service List of English Words* として改訂出版された）を出版しました。これは、以降 EFL/ESL の教科書が編集されるときの使用語彙の決定について、多くの人が参考とする貴重な資料となりました。

ウェストはこの本を編纂するにあたり、さまざまな文献で使用される膨大な数の語彙を分析の対象としました。そして、そのなかでとくに使用頻度の高い 2000 語について、何回出現したのか（回数で）、そしてそれらはどのような意味で使用されているのか（意味別に％で）を表示し、利用者に理解しやすく編集しています。たとえば、"GAME" という単語については、合計 5,000,000 語が調査の対象となった文献のなかでは 638 回出現し、そのうち "a game of football, indoor games, out-door games" のような "with the idea of competition, e.g., cards, football, etc." の意味で使用されていたのは 38％であったと報告しています。また、"make game of" などの成句で、"fun" の同義語として "game" が使用されているのは 0.5％であり、この意味においては "should not be taught" というコメントまで記載しています。

このようにして英語教育の歴史のなかで、初めて語彙へ関心が向けられるようになります。

20 世紀の前半、ダイレクト・メソッドが関心を引いていたものの、一般的には依然として文法訳読方式が中心となっていました。しかし、20 世紀の中頃より、オーディオリンガルが隆盛を極めます。この方法では、とくに、文型学習や音声練習が学習の中心になりました。基本的な文型の習得がメインでしたので、その過程で学習される語彙については、その文型練習の妨げ

とならないように、なるべく簡単で親しみやすく、使用される頻度の点で精選した語彙が選ばれました。ことに初心者に対しては、この傾向が強く見られ、文型と音声とを適切に学習すれば、語彙力は必要に応じて自然に高められると考えられました。

　また一方では、語彙の学習を強調すれば、単語レベルの学習が外国語学習の第一の目標であるという間違った考えを、学習者に植えつけるのではないかとの危惧もあったようです。リヴァーズ（Rivers）は次のように述べています。

> Excessive vocabulary learning early in the course gives students the impression that the most important thing about learning a language is accumulating new words as equivalents for concepts which they can already express in their native language. They often fail to realize that meaning is expressed in groups of words and in combination of language segments... （Rivers, 1968 : 254）

　1970年代に入ってオーディオリンガルは、次第にかつての勢いを失い始めます。オーディオリンガルの理論的な根拠となった言語習得理論に代わり、言語は人間が持って生まれた無意識のメカニズムにより自然に習得されるものである、と考える新しい説が注目を集めます。また一方では、社会生活におけるさまざまな状況や場面に応じて、実際に使用できる言語能力を育成することの必要性が、求められるようになります。

　このような新しい考え方が契機となり、言語教育は1つの転機を迎えます。そして具体化された言語学習の理念が、コミュニカティヴ・ランゲージ・ティーチング（Communicative Language Teaching）（以下CLTと略す）でした。

　現実的には、文法的に誤っていても的確な語彙を使用することで、人と人との意思が疎通される場合が多いのですが、CLTでは、単語、つまり語彙の学習にはとくに焦点は当てられませんでした。それよりもディスコースの能力（まとまったことを首尾一貫した文脈のなかで伝えられる能力）の育成が重視されました。また、CLTの流れのなかで、人間のコミュニケーションに関す

る言語の使用場面として「概念（位置、時間、程度など）」と「機能（提案、依頼、要求など）」の2つの枠組みが設定されます。この枠組みにもとづく言語教育の指導方針でも、語彙学習は補足的におこなわれるだけでした。

　このように CLT においても、語彙学習はとくにそれを取り出してされることはなく、必要な語彙は L2 に接する過程において、コミュニケーションの流れのなかで文脈を追いつつ、語彙は自然に習得されると考えられていました。

　以上のように語彙学習については、これまでの英語教育を振り返ると、たいていの場合、音声、文法あるいはコミュニケーションを中心にした学習のなかで、補足的に見られる程度でした。このことは日本の高等学校の英語教育でも、現実的な運用では「リーディング」、「文法」、「コミュニケーション」、「ライティング」などの時間があっても、「語彙」の時間はとくに設けられていないことからも明らかです。

　しかし研究者の語彙への関心については、1980 年代の後半より著しい変化が見られるようになりました。以前では不可能であったような、多量の情報をコンピュータで分析できるようになったからです。これによって、実際に使用される意味や語法について、あるいはそれらが話し言葉と書き言葉ではどのような違いがあるのかなどについて、新しい研究が見られるようになりました。これらの研究はさまざまな種類の文献から集約されたデータにもとづいておこなわれますが、語彙をコンピュータで分析する試みの先達は COBUILD（Collins Birmingham University International Language Database）Project です。この研究では 2000 万語のデータが分析の対象とされ、その成果は 1987 年に辞書となって世に現れました。

　さらに一方では、語彙の学習について心理学的な研究もされるようになり、学習者が語彙を記憶しそれを呼び起こす過程などが、調査の対象となりました。このような調査のなかには、文法の習得能力は学習者の年齢とともに顕著に低下するが、語彙能力にはそのような傾向は見られないという報告もあります。それならば、大人を対象にした英語学習では、語彙力の向上を目指

した指導に、より時間を費やしてはどうかと考える人も現れました。これに同調する人のなかには、ESL では学習者の文法の誤りは言語習得の過程で時間の経過とともに自然に消滅する、という主旨の研究結果などにも助けられ、語彙力を向上するための指導により積極的に取り組んでいる人もいます。

語彙の学習におけるこのような流れのなかで、語彙の能力を、話し言葉と書き言葉の場合や、後述する能動的語彙（active vocabulary）と受動的語彙（passive vocabulary）の場合に分けて考えられるようになりました。

◆学習の対象となる語彙

教材のなかでは、じつに多くの語彙が使用されています。しかし、実際に話したり書いたりする場合、これらの語彙がすべて同じ頻度で使用されることはありません。語彙のなかには、他の語彙と比較すると使用頻度が低いものがあります。また、使用する場面によって誤解を招くもの、あるいは専門的すぎるものがあり、これらを語彙学習の対象とする必要はとくにないでしょう。

表4は、学術文献で使用されている語彙の出現頻度を統計処理した結果です。これによると、使用頻度の高い2000語については、全体の使用語彙の87%を占めると報告されています。

表4　語彙とその使用頻度

レベル	出現語彙数	総語彙数に占める割合(%)
使用頻度の高い語彙	2,000	87
学術的な語彙	800	8
専門用語	2,000	3
使用頻度の低い語彙	123,200	2

Based on Nation and Newton（1997 : 239）

表中、「学術的な語彙」とは、高等学校や大学で使用されるテキストのなかや、新聞に掲載される学術的な内容の文のなかで出現する語彙のことで、たとえば、abandon, alternative, comply, denote, element, evidence などがこの範疇に入ります。もし学習者に、学術的な研究をしたいとか新聞を読めるようになりたいという気持ちがなく、ただ社交で必要な英語を学習するだけでよいと考えるならば、この範疇の語彙を学習する必要はありません。「使用頻度の高い語彙」の2000語の後は、必要なら「使用頻度の低い語彙」の学習に移ることになります。

　なお、これとは別に、学術文献に限定することなく、あらゆるジャンルの書物を統計の対象にした複数の報告を見ると、「使用頻度の高い語彙」の2000語の占める割合は少なくとも85%で、さらに話し言葉に限定すれば、この2000語だけで95%以上を占めるとされています。

　さて学習の対象となる語彙は、能動的語彙（active vocabulary）と受動的語彙（passive vocabulary）に分けられます。能動的語彙とは、また生産的語彙（productive vocabulary）とも呼ばれ、学習者が自分の話し言葉や書き言葉として、実際に使用できる語彙を意味します。受動的語彙は、また受容的語彙（receptive vocabulary）とも呼ばれ、学習者が他の人の話や文に接して理解できる語彙を意味します。

　英語をL1とする人の場合、能動的語彙は10,000語から20,000語で、受動的語彙は100,000語程度とされています。EFL/ESL の学習者の場合、ほぼ中級レベルの学習者では能動的語彙は3,000語から5,000語、受動的語彙は5,000語から10,000語と考えられています。したがって、基本的な2,000語はあくまでもEFL/ESL の初級段階の語彙レベルであり、これを後述する明示的な環境で習得し、さらに暗示的な環境で語彙を増すことで、中級レベルで必要とされる語彙数につなげることになります。

　1つの単語に関連して、その同意語（synonym）や反意語（antonym）、さらに下位語（hyponym）（たとえば、fruit の下位語が orange, strawberry, cherry となる）や上位語（superordinate）（たとえば、apple, banana, peach の上位語が fruit となる）

の学習も語彙指導に含めることができます。

　また語彙により、表示的な意味（denotation）と含蓄的な意味（connotation）があります。表示的な意味とは、通常、辞書に書かれた意味のことで、含蓄的な意味とは、その語の言外にある社会的や文化的な意味のことです。たとえば、"fat"と"plump"は表示的にはどちらも「太った」を意味します。しかし、含蓄的な意味には両者の間にかなりの違いがあります。また、"shirt"の表示的な意味とは「襟があり、前面でボタンどめになっている上半身の衣服」ですが、「おもに男性によって着用される」は含蓄的な意味になります。このように、ある語彙については含蓄的な意味の学習も、語彙指導に含まれることになるでしょう。

　さらに、接頭辞（prefix）や接尾辞（suffix）に関する知識があれば、同じ語根（root）を持つ、たとえば satisfy, dissatisfy, dissatisfaction の理解も容易になります。よって接頭辞や接尾辞も、指導の対象となります。

　語彙力とは、以上のような要素を包括した語彙に関する知識と考えることができます。したがって、語彙力を高めるためには多方面からの学習が必要です。このようにして得られた語彙の知識が、表4の使用頻度の高い2000語に加われば、たとえ未知の単語に遭遇しても文脈から容易に意味を推測することができ、学習者の語彙はいっそう拡大することでしょう。

◆ 語彙の「明示的な」学習と「暗示的な」学習

　語彙の学習は、「明示的（explicit）な」学習と「暗示的（implicit）な」学習の2つに分けられます。「明示的な」語彙の学習は、また「直接的（direct）な」語彙の学習とか「計画的（planned）な」語彙の学習とも呼ばれます。これは学習者の注意が、語彙の学習そのものに向けられている場合です。対象となる語彙は文脈のなかや、リアリア（realia）つまり実物教材を使用しながら、あらかじめ予定された方法で学習されます。また、ときには、学習者の語彙学習を促がすために簡単なテストや練習問題などもされるでしょう。

これらの「明示的な」語彙の学習活動により、対象となる語彙が、短期記憶（short-term memory）でなく長期記憶（long-term memory）にとどめられるでしょう。

　短期記憶では、たかだか秒単位の間でしか学習者は情報を保持できませんが、長期記憶ではさらに長期間の情報の保持が可能となります。この短期記憶から長期記憶へのプロセスは、学習者が学習の対象となる語彙を操作し意識する機会が増えれば、それだけ容易になります。このプロセスを計画的におこなうのが「明示的な」語彙の学習です。

　「暗示的（implicit）な」語彙の学習では、それとは反対に、短期記憶から長期記憶のプロセスは意図的にはおこなわれません。「間接的（indirect）な」語彙の学習とか「偶発的（incidental）な」語彙の学習とも呼ばれるこの方法では、学習者の注意は語彙の学習そのものに向けられているのではありません。リーディングやライティングなどの学習活動に向けられます。あくまでも語彙の学習は副次的であり、必要ならば教材に見られる語彙が、リストなどにより学習者に提示される程度です。

　L1の場合では、語彙の大部分は暗示的な環境で学習されますが、L2の場合は、あるレベル以下では明示的な環境で学習されるという、共通の認識が研究者の間にはあるようです。

　また、EFL/ESLにおける語彙の学習については、2000語から3000語については明示的に学習され、それ以上の語彙についてはリーディングやリスニング活動のなかで暗示的に学習されるという報告があります。これは言語学習の初期段階では、基本的な語彙の知識がないので、いくら文脈が与えられても、新しい語彙の意味を推測するのは困難だからです。また2000語から3000語の知識があると、実社会において英語で書かれた新聞、雑誌、その他の出版物で遭遇する（つまり暗示的に提示された）語彙の意味を推量できるようです。

　なお、多読の2次的な効果として、暗示的な語彙の学習があげられます。ブック・フラッド・アプローチ（Book Flood Approach）はまさにこの点に着目

しています。文字どおり「本の洪水」のなかで、語彙の知識も高めることがねらいです。それでは、この方法で暗示的な語彙の学習を効率的におこなうには、具体的にはどのようにすればよいのでしょうか。

やっと L2 の実社会での出版物を読める程度に達した中級者には、できるだけトピックを絞った読解方法（narrow reading）が暗示的な語彙の学習では適当だとされています。これは、そのテーマに関連する語彙が繰り返し使用され、語彙を広めるには効果的だからです。

また上級者には、英語を L1 とする人が普段読むような、トピックを絞らない読解方法（wide reading）が適切だとされています。これは、幅広く読むことによって、すでに学習した単語が定着されるだけでなく、その単語の持つ別の語義や使用方法について、さらに知識を深めることができるからです。

以上、語彙の学習を明示的と暗示的に分けて、それぞれの特徴と効果について述べましたが、頻度や費やされる時間の割合で考えると、やはり圧倒的に暗示的な指導が中心になります。とはいえ、時間をかけて語彙を明示的に学習することの効果を説く人々もいます。次に紹介する「3C アプローチ」は、そのようななかで提唱された語彙指導の展開方法です。

◆ 語彙指導の「3C アプローチ」

ある語彙を学習の対象にしようと教員が判断した場合、次は、どのような方法で学習者に教えるかが問題になります。シール（Seal）は語彙を明示的に教える方法として、「3C アプローチ（3 C's Approach）」を提唱しています。3C とは「意味を伝える（convey meaning）」、「確認する（check）」、「定着させる（consolidate）」の 3 つの頭文字のことですが、この 3 つの段階を経て教えると、語彙学習は効果的であると考えています。

「意味を伝える」ための学習活動に入る前に、教員は、あらかじめ、言語材料のなかから学習者が学ぶべき語彙を特定しておく必要があります。その

上で、どのようにしてその語彙を学習させるのかを計画し、「意味を伝える」ための活動をすることになります。

「確認する」ための活動では、語彙について学習したことが学習者に正しく理解されているかが確かめられます。この作業は「意味を伝える」ための活動が終了した後、時間を経ない復習の段階で口頭やワークシートなどによりおこなわれます。

「定着させる」ための学習は、「確認する」ための活動が終わってからしばらく期間をあけておこないます。ここでは学習者の注意を再度、対象となる語彙へ向けることで、語彙を学習者のより長期の記憶に留め、受動的語彙として確かなものにするのがねらいです。さらに対象となる語彙が、とくに使用頻度の高いものであれば、これらが能動的語彙の一部となるような学習活動へと発展させます。

たいていの場合、語彙指導は最初の「意味を伝える」段階で終了するのがほとんどです。「分かりましたか」に対して学習者からの特別の反応がなければ、その語彙についての指導はそれまでとなり、さっそく別の学習活動に移ります。しかし「確認する」および「定着させる」活動により、その単語がより系統的に学習されることになります。表4の「使用頻度の高い語彙2000」については、この「3Cアプローチ」による学習が理想的でしょう。

次に「3Cアプローチ」のそれぞれの活動について、具体的にどのような方法があるか考えましょう。

§ 2 ● 「意味を伝える」ための語彙指導

語彙の学習は「意味を伝える（convey meaning）」ことから開始されます。この段階では2つの注意すべき点があります。1つは、そのタイミングであり、もう1つは交差連想（cross-association）です。

◆ タイミング

　ほとんどの場合、語彙学習は英語学習における他の分野の学習、とくにリーディング活動やリスニング活動と連携しながらおこなわれます。つまりリーディング教材やリスニング教材のなかで出現する語彙のなかから、とくに学習者が習得すべきであると判断される語彙について、語彙学習は実施されます。ここで言うタイミングとは、語彙学習がたとえばリーディング活動と連携しておこなわれる場合、「意味を伝える」ための活動は、その教材を読む前におこなうのがよいのか、あるいは読んだ後でおこなうのがよいのか、ということです。

　中級より以上の学習者にとって、難解な語彙の学習はリーディングの作業の後でするほうが効果的だとされています。リーディングの作業に入る前には語彙に関する知識よりも、学習者が持っているスキーマ（schema）を十分に生かせるような情報を与えることのほうが、より重要だと考えられています。

　この考えによれば、理解が困難な語彙に直面しても、学習者はスキーマからその単語の意味を想像しようとします。学習者は想像した意味が正しいかどうかを、リーディングの作業の後でおこなわれる語彙学習で確認するでしょう。このように学習者が積極的に係わって習得した語彙のほうが、他の人から教え与えられた語彙と比較して、よく記憶にとどめられるとされています。もちろん、このことはリスニング活動と連携して実施される語彙学習においても言えることでしょう。

◆ 交差連想

　同義語、反意語、あるいはスペルが類似した語どうしを同じ時期に学習の対象とすると、学習者に不要な混乱を招く結果となります。たとえば、prevent と protect、left と right などがそうです。Prevent と protect を同じ時期に

学習すると protect someone from bad weather か prevent someone from bad weather のどちらか混乱します。同じように、right と left を同じ授業のなかで教えられると、いったい「右」はどちらだったのか、混同することがあります。この現象を交差連想（cross-association）と呼びます。これを避けるために、一方の語彙を学習してから数週間あとに、片方の語彙を学習することが望ましいと考えられています。

　交差連想ゆえに学習者に混乱を招く例として、色の名、果物名、曜日名、月名、そして体の各部の名前のように、意味的に同類の語彙をまとめて学習の対象とすることがあげられます。この場合は、できるだけ無標（unmarked）なもの（つまり使用頻度が高くより一般的なもの）から、有標（marked）なもの（つまり使用頻度が低く一般的でないもの）へと、時間をあけて学習することも一案です。たとえば yellow と beige を教えるのであれば、先ず yellow を教えてから beige を教えます。

　「意味を伝える」ための活動には、正確に言うと、必ず「語彙を提示する」作業がともないます。「語彙を提示する」とは、学習の対象となる語彙に学習者の注意を引きつける行為のことです。ここで注意したいことは、「語彙を提示する」ことと「意味を伝える」ことでは、どちらを先におこなうのかということです。また「語彙を提示する」場合、文字を使ってするのか、あるいは口頭でするのか、ということも考えねばなりません。さらに「意味を伝える」方法にも、後の具体例で示すようにいくつかの方法があります。これらの組み合わせによって、さまざまなパターンが考えられます。

　次にあるのは「語彙を提示する」ことから始める例です。なお、ここでは「意味を伝える」ために文脈が利用されています。

---

100 ◆「意味を伝える」-1　語彙の提示から始めて　文脈の中で

T : Repeat after me. "Tornado".

```
  Ss : "Tornado."
  T : OK. Tornado, well, it has a very strong wind. Sometimes cars go up into
      the air. Sometimes houses. Who likes seeing the movies? Have your ever
      seen "The Wizard of Oz"? Raise your hand? What happened to Dorothy
      in the movie?
  S1 : She goes up into the sky...
  T : Yes, in a tornado.
```

　この活動例では、教育現場における多くの実践例がそうであるように、「語彙を提示する」ことから始められています。しかし「語彙を提示する」のに文字を使用せずに口頭で行っています。それに続いて文脈のなかで「意味を伝える」作業がされています。この後で必要なら教員は"tornado"の綴りを板書などを利用して、文字として示すことができます。

　「語彙を提示する」では、文字を使用すべきなのか、あるいは上の活動例のように先ず口頭でおこなうべきなのか、意見が分かれます。しかし、初心者ほど新しい語彙に対する音声への関心が強いと言われています。また初心者でなくても、先ず音声から提示したほうが、学習者の音声に対する関心が高められます。

　また、学習者のなかには、音声による学習活動なら他の学習者と一緒に声を出して授業に参加できるが、文字を示した途端に学習に対する興味を失う人もいる、という報告もよく聞かれます。これは英語を不得意にする学習者に顕著に見られるようです。こう考えると英語に対する苦手意識を、せめて語彙学習にまで引きずらないためにも、上で示した例は興味深い取り組みです。

　例では語彙の提示に続いて、「意味を伝える」活動に移っています。学習者のL1が共通しているならば、「意味を伝える」ための最も簡潔で的確な方法は、L1で直接その単語の意味を教えることです。しかし上の活動例のように、L2で語義を説明しても、学習者は与えられる適切な文脈から意味を

理解します。

　また、L2で「意味を伝える」ことには付随的に、次の2つのメリットがあります。1つは文脈を与えられることで、学習者のその単語についての背景的な知識が拡大することです。そしてこれを、将来的にスキーマとして活用できことがあるかもしれません。もう1つは、学習者への問いかけやそれに対する学習者からの反応をとおして、教員との間にインタラクションが生まれ、コミュニケーション能力の向上に方向づけられた言語活動が可能になることです。

　学習者へのL1での語義の提示は、L2による「意味を伝える」作業の最終段階で、あるいはこれに続く「確認する」段階でおこなうことができます。この場合、教員が訳を与えるのでなく、学習者に訳を問うことをあらかじめ伝えておけば、L2で「意味を伝える」ための活動に対する学習者の関心も深まるでしょう。

　「意味を伝える」ために、実物を教材に使用することがよくおこなわれます。次の例を見てください。

---

101 ◆「意味を伝える」-2　語彙の提示から始めて realia を使って

　T : Do you like the color of indigo?
　Ss : （インディゴ？どんな色だろう）
　T : Indigo.（インディゴの色を指しながら）This is the color of indigo.

　「意味を伝える」ために、ここではリアリア（realia）、つまり実物教材が使用されています。

　上の活動例でも「語彙を提示する」ことから語彙の学習が始められています。もし教員が "What color is this?" と質問をしていれば、「意味を伝える」ことから始めたことになります。あえて、こうしなかった理由は何でしょうか。

　親が子供に「〜ちゃん、この色、な〜に」と尋ねている光景をよく見かけ

ます。これはどう考えても不自然です。親には、その色が何か分かっているからです。子供ならこのような機械的なディスプレイ・クェスチョン（display question）（言語教育の場でよくみられる質問形式で、質問に対する答えが明白であるにもかかわらず、あえて言語学習の観点から与えられる質問のことで、鉛筆を指し示しながら "Is this a pencil?" などがこれに相当する）で満足するでしょう。しかし大人にこのような質問を与え続けると、その不自然さと作為性ゆえに、逆に学習への意欲をそぐ結果となりかねません。

　上の活動例では、そのような不自然さを避けるために、レファレンシャル・クェスチョン（referential question）（質問者が、ある特定の情報を知りたいという本来の目的で尋ねる質問）である "Do you like the color of indigo?" を用いています。学習者は「インディゴ？どんな色だろう」と思うでしょう。それに続いて、実物を示しながら「意味を伝える」作業に入ります。

　次は、"amphibian"（両生類）の「意味を伝える」活動の例ですが、思わぬハプニングも起こっています。

102 ◆「意味を伝える」-3　語彙の提示から始めて　上位語・下位語を使って

> T : Do you know "amphibians"? They are a kind of animals. And they live sometimes on land and sometimes in water. "Frogs" are amphibians.（"frogs" を理解していない学習者がいるようなので）Oh, frogs? They go, "C-R-O-A-K! C-R-O-A-K!"（鳴き声を真似て）

　「意味を伝える」ためには文脈やリアリアを利用する他に、対象となる単語の特徴を生かせて、同義語（synonym）、反意語（antonym）、上位語（superordinate）、下位語（hyponym）、擬声語（onomatopoeia）などを随時利用することができます。

　ここでは "amphibian" の説明に、その上位語である "animals"、下位語である "frogs"、さらに下位語の "frogs" が理解できていないと判断して、とっさに擬声語の "C-R-O-A-K!　C-R-O-A-K!"（「ケロケロ」）を利用しています。

第 6 章 ●語彙の指導　191

これまでの例では、「意味を伝える」ための作業はすべてL2により口頭でおこなわれています。口頭でおこなう利点として、すでに述べたように、文脈からその単語に関する背景的な知識を拡大できることや、よりコミュニケーション指向の学習形態の授業を展開できることがあります。

　口頭で意味を伝えるもう1つの利点は、学習者の反応に対する教員の臨機応変な対応が容易になることです。つまり上の活動例のように、とっさの擬声語の利用は口頭による説明ならではのことでしょう。必要ならば、説明のなかの単語をさらに言い換えたり、話すスピードを変えたり、繰り返したりするというようなティーチャー・トーク（teacher talk）の要素を取り入れることができます。

　先の3つの例ではすべて「語彙を提示する」ことが先ずおこなわれ、「意味を伝える」ことがそれに続きました。以下の4つの例では、「意味を伝える」ことから始められています。対象となる語彙は"monocycle"（一輪車）です。

---

103 ◆「意味を伝える」-4　語彙の提示は後にして 線画を使って

T：Now, take a look. This is... This is...what?（先ず車輪から描き始めています）

S1：ホイール？

T：Good! It's a wheel. And this is only one wheel. And this looks like, looks like...S-A-D...（サドルを描きながらスペルを口頭で言う）

S2：Saddle!

T：Excellent! This is a saddle. And you...you ride on it.（乗っている人を線画しながら）Like this. This is a monocycle. "Mono" means...

　上の活動例のように、「意味を伝える」ために線画など学習者の視覚に訴える方法が用いられる場合、一般に、先に「意味を伝える」ことから始め、続いて対象となる「語彙を提示する」ことが多いようです。

視覚に訴える方法としては、この他に、絵図、小道具（props ＜ properties）、写真などが利用されます。これらを利用することで「これは英語で何というんだろう」という新しい語彙への関心が高まります。

　線画や絵図を利用する場合、すでに描かれた教材を提示するよりは、できれば教員が自ら作図したいものです。学習者は描写される絵を、段階を追いながら理解しようと努めるでしょう。これは学習者の注意を引きつけておく点で、たいへん効果的です。また作図する過程で、学習者とのインタラクティヴな授業展開ができます。上の活動例では教員は "This is...what?" や "This looks like, looks like...S-A-D..." と言いながら、学習者とのコミュニケーションを大切にして、授業を進行させています。

　なお、写真も視覚に直接訴えて「意味を伝える」有効な手段ですが、1つの写真に多くの情報がある場合や、情報が小さすぎるか不鮮明な場合は、逆に学習者に混乱を招くことになります。簡潔でわかりやすい線画や絵図が有効な点は、ここにあります。

　「意味を伝える」ための補助的な方法として例では、"Mono means..." のように、語源からのアプローチもされています。学習者の英語の能力に合わせておこなうと有効な方法です。

　次の例の特徴は何でしょうか。2点あります。

---

104 ◆「意味を伝える」-5　語彙の提示は後にして　パントマイムを使って

T : Look. I think I have a cold.（「クシュン」と言って、くしゃみの動作を真似る）See that? What have I just done? I have just sneezed. Sneeze. Can you say that? "Sneeze."
Ss : "Sneeze."
T : If you sneeze in front of a native speaker of English language, he or she would probably say, "Bless you." Then you would say, "Thank you."

　ここでは「意味を伝える」ために、文字を使って行っていない点では、こ

第6章●語彙の指導　193

れまでの例と同じです。しかし、これまでのようにリアリア、線画、絵図という視覚的な手段や、文脈、上位語、下位語という言葉を使った間接的な手段ではなく、パントマイムが利用されています。これは、学習の対象語彙が動作動詞である特徴を生かしたものです。他に形容詞や副詞などにも、教員の実際の動作や表情などを利用することで言葉を使う以上に、より直接的に「意味を伝える」ことができる単語があるでしょう。

さらに上の活動例では sneeze という単語に関することで、学習者の L1 の文化圏には見られない事柄も合わせて提示されています。これにより語義だけでなく、その語彙についての学習者の予備的な背景知識も広がります。これは将来的に活用できるスキーマの範囲を広げることになり、学習者にとってたいへん重要な意味を持っていることは言うまでもありません。

次の例では「意味を伝える」ために、学習対象となる語彙に関連して、学習者が持っていると考えられるイメージを利用しようとしています。対象となっている語彙は "frog" です。でも注意する点があります。

---

105 ◆「意味を伝える」-6 語彙の提示は後にして 共通の関連イメージを利用して

T : I live in the countryside. Far from the city. There are lots of ponds in the countryside. There is a big one near my house. And there are lots of water animals in the pond. In the summertime, at night, they are very noisy. They are so noisy all night that I can't sleep... They are about this big.（手で示しながら）They have four legs and two big eyes. We call them "frogs".

ここでは、カエルに関連して学習者が持っていると考えられるイメージを利用して、"frog" と「カエル」とを意味の上で結びつけようとしています。

しかし、ある単語に関連して持つイメージは、部分的には、学習者によって必ずしも一様であるとは限りません。イメージは、その人のこれまでの生活体験によって、異なることも十分考えられます。上の場合、都会育ちの学習者には理解してもらえません。

ある特定の単語に対していだくイメージは、またその学習者が生まれ育った文化によっても異なります。極端な例ですが、掃除用具の「ほうき」に関連して日本人が抱くイメージと、その訳語である "broom" に対して西洋人が抱くイメージとは違います。"Broom" からは「魔女（witch）」が連想されます。

　上の活動例では、「カエル」に関連して学習者が持つメージは、男女、年齢、それまでの生活体験によって同じではありません。このような場合、上の活動例の下線部が示すように、関連するイメージのうちでもより共通していると思われる形状についてのイメージを、口頭やパントマイムなどで描写することができます。

　このように、関連するイメージを利用する場合には、学習者が共通して持っていることが前提になります。

　次の例では、学習対象の語彙は "utility" です。「意味を伝える」ために、どのような工夫がされているでしょう。

> **106 ◆「意味を伝える」-7　語彙の提示は後にして　用途や機能を利用して間接的に**
>
> T : There is a space in a house. It is big enough to put machines in. We go there to wash our clothes and dry them. Sometimes we iron them there. The space like that is called "utility".

　対象となる語彙やその概念が、学習者が属する文化にもともと存在しない場合があります。"Utility" がそうです。このようなスペースは、日本の伝統的な家屋には通常存在しません。

　このような場合、関連するイメージを利用することも、形状を簡単にしかも学習者に分かりやすく描写することも容易ではありません。したがって、対象となる語彙の用途や機能を説明して、間接的に「意味を伝える」ことになります。

§3 ●「確認する」ための語彙指導

　語彙が正確に学習されたことを「確認する（check）」ための活動では、意味だけでなく発音や綴りも確認の対象とします。「確認する」方法には、口頭による方法と文字を利用する方法とがあります。ここではその具体例を示します。

◆口頭を中心にした活動

　最初の4例では、「確認する」ための作業は口頭によりおこなわれています。

> **107 ◆「確認する」-1　口頭でおこなう　文脈から直接的に**
>
> 　学習者はテキストを伏せたままにします。教員はテキストの要約を、できればもとの文脈とは順序を変えて口頭で学習者に伝えます。その時、「確認する」対象となる語彙を使う場面でも、教員はあえてその語彙を口にしません。その語彙は何かを、文脈をヒントに学習者から引き出すことで、語義が正しく把握されたか理解できます。同時に、学習者から正しい綴りや、発音を引き出すこともできます。

　上の活動例では、あえてテキストの内容を、そのままでなく要約して学習者に提示しています。学習者はテキストと違った英文を耳にするのですから、より注意を傾けることになります。また、内容をテキストのままの順序で提示しないのは、語彙の出現順序を学習者が記憶していると、それをヒントに教員の問いに答える可能性があり、語彙が正しく理解されたかを確かめるという本来の意味が薄れるからです。
　次のように、学習の対象となる語彙について、学習者が持っていると予想

される関連情報を引き出すことでも、学習者が語彙を正しく把握しているかどうかを確認できます。学習の対象の語彙は "library" とします。

---

108 ◆「確認する」-2　口頭でおこなう　関連情報を引き出して間接的に

T : Do you often go to the school library?
S1 : Yes, I do.
T : When do you go there?
S1 : After class.
T : Do you often go to the school library, too, S2?
S2 : Yes, I do.
T : Why do you go there?
S2 : To read books.

　意味が正確に学習されたことを、日本語を使用しないで確かめたいものの、語義そのものを問うのが困難な場合があります。上の活動例は、まさにそれで、library の語義を学習者が英語で答えるのは難しいと判断されます。この場合、対象となる語彙から学習者が連想すると考えられる機能や役割、用途や目的、属性についてのイメージや、その語彙との関連情報を学習者から引き出すことで、学習者がその意味を理解しているか「確認する」ことができます。

　次の例でも、語彙から学習者が連想すると考えられるイメージや、その語彙との関連情報を利用していますが、方法は前回と異なります。対象となるのは "cosmetics" です。

---

109 ◆「確認する」-3　口頭でおこなう　関連情報を与えて直接的に

T : When you want to make yourself look more attractive, what do you put on your face? I often see some women putting them in the train, or in a car...
S1 : Cosmetic.

> T : Right. Cosmetics.

　この活動例では、あるものに対して学習者が共通して持っていると期待されるイメージや関連情報を教員が逆に利用することで、対象とする語彙そのものを直接学習者から引き出しています。

　学習者からその語彙を導き出すのが目的ですから、ヒントは文章でなくても関連する単語や句で与えることもできます。さらに、教員がヒントを与えるのでなく、あらかじめ考えておいたヒントを学習者がペアやグループに与えて、他の学習者が対象となる語彙を回答するようにすると、ゲーム感覚で楽しむこともできます。

　なお、ここでは語彙の学習の確認がねらいなので、学習者の不正確な反応については、教員は取り立てて訂正はせず、ただ "cosmetics" と言うだけにとどめています。

　次の例では、抽象名詞が扱われています。対象の語彙は "difference" です。学習者には "difference" を使った質問が与えられています。

---

110 ◆「確認する」-4　口頭でおこなう　抽象名詞の場合は間接的に

> T :（短いチョークと長いチョークを示しながら）What's the difference? Between this one and this one.
> S1 : One is short and...
> T : The other one is...
> S1 : Long. The other one is long.
> T :（今度は、赤いチョークと白いチョークを示しながら）What's the difference? What's the difference between the two?
> S2 : One is red and the other one is white.
> T : Good.

　連想するものが乏しい概念的な語彙でも、対象となる語彙を含む質問を学

習者に与え、それに対する反応から語彙が学習されているか確認できます。

上の活動例では、学習者から "One is short." と "The other one is long." の発話が期待されています。もちろん学習者のレベルに応じて、先ず "One is... and the other one is..." の表現が学習されていることを確かめた上で、上の活動で示した「確認する」ための活動に移ることもできるでしょう。

次の例では、口頭が中心ですが、変則的に文字も利用させています。

---
111 ◆「確認する」-5　口頭でおこなう　変則的に文字も利用して

教科書のなかの、「確認する」対象となる語彙に、学習者はあらかじめマーカーなどで印をつけておきます。そしてその語彙が掲載されているページを開いて、机の上に置きます。教員は、これらの語彙に関連する情報（関連語句や、学習者が共通して持っていると考えられる関連するイメージや、語義そのものなど）を与えます。学習者は、それがどの語彙に関する情報かを回答します。

◆ 文字を中心にした活動

これまでの例では、語彙学習における「確認する」するための作業は、おもに口頭でされていました。次の2例ではワークシート、板書、その他のメディア機器を利用しながら、文字を使っておこなわれています。

---
112 ◆「確認する」-6　文字を使って　直接的に

教員は次のような課題を、文字を使って学習者に提示します。学習者は対象となっている語彙を答えます。

```
Fill the blanks.
    The color of sky is (        ).
    I take a train at the (        ).
```

第6章●語彙の指導　199

このように文字による「確認する」最も典型的な方法は、学習の対象となる語彙を空欄に入れるものです。学習者は文脈をヒントにするだけでなく、文法的な呼応にも注意して解答します。
　次の例では、対象となる語は "hungry" です。先の例との違いは何でしょう。

113 ◆「確認する」-7　文字を使って 間接的に

　教員は次のような課題を、文字を使って学習者に提示します。学習者は（　）に入るものを、下の a) から d) のうちから1つ選び答えます。

（　）に入るべき表現を選びなさい。

> I am hungry. I need （　　　）
> 　　a) something to drink.
> 　　b) something to eat.
> 　　c) something to write with.
> 　　d) something to walk with.

　学習の対象となる語彙は "hungry" で、この活動例では b) something to eat が正答です。1つ前の例では、対象となる語彙そのものを答えるという形式でした。ここでは語彙そのものを直接問うのでなく、それと関連がある語句や、機能や用途を説明した語句などを問うことで、語彙が学習できたかの確認を間接的に行っています。

　なお、語義が正しく理解されているか確認するために、学習者から L1 での訳を引き出すのであれば、以上のような「確認する」ための学習活動例が終わった後で、することになります。

§ 4 ● 「定着させる」ための語彙指導

　学習の対象となった語彙を、学習者の長期の記憶に留めるためのものが、「定着させる」語彙指導です。なお「定着させる」段階では、「確認する」の場合のように少ない語彙を単独で扱うのでなく、ある程度まとまった語彙を対象にします。

◆ 目標は何か

　語彙の意味、綴り、そして発音が正しく把握されていることを「確認する」作業が終わると、次にしばらく期間をあけて、その語彙が学習者の記憶に長期間とどまるよう、「定着させる」活動をおこなうことになります。

　「定着させる」活動のねらいは、語彙を受動的語彙として定着させ、必要と判断される語彙については、能動的語彙として位置づけることです。

　指導の対象となる語彙を、学習者の受動的語彙とすべきなのか、能動的語彙とすべきなのかによって、学習活動の方法は当然異なります。ここで紹介する活動の具体例では、「定着させる」-1 から「定着させる」-5 は受動的語彙としての定着を目標としています。「定着させる」-6 は能動的語彙としての定着を目標としています。

　なお、「定着させる」ための活動は一度に多くの時間を費やしておこなうよりも繰り返しおこなうのがよく、しかも、理想的には、2回目、3回目、4回目と回を重ねるにつれ、それぞれの間の時間的な間隔を次第に広げるのが効果的だとされています。

　また、「定着させる」ための活動は、とくに受動的語彙としての定着を目標にする場合、「意味を伝える」や「確認する」ためのいずれの活動よりも、さらに同義語、反意語、上位語、下位語などと関連させながらおこなわれることが多く、語彙の学習という視点に立てば、より包括的な活動と言えるで

しょう。したがって活動の方法や形態も、よりバラエティに富んだものとなります。

「定着させる」活動例として、最初にペア・マッチングを紹介します。

---

114 ◆「定着させる」-1　受動的語彙として　pair matching を使って

教員は次のような課題を、ワークシートや板書で学習者に提示します。

> 左の列の語彙と関連性の高いものを右の列から見つけ線で結びましょう。
>
> | | |
> |---|---|
> | winter | sweet |
> | grass | tulip |
> | spring | kitty |
> | sugar | green |
> | cat | cow |
> | milk | skiing |

このようなペア・マッチング（pair matching）の例では、互いにはっきりとした関連性があることが重要です。ペア・マッチングとしては、この他に同義語や反意語とペア・マッチングさせる方法があります。ここではすべて名詞を扱っていますが、品詞の違った語を同時に活動の対象とできます。

次にあるのはオッド・マン・アウトと呼ばれる活動です。

---

115 ◆「定着させる」-2　受動的語彙として　Odd Man Out を使って

教員は次のような課題を、ワークシートや板書で学習者に提示します。

> それぞれの組にある4つの単語のうちで、1つだけ他と種類の異なるものを選んで下さい。

1)	hammer		screw		saw		snail
2)	refund		receipt		cheque		essay
3)	swimming		windsurfing		sailing		tennis
4)	salary		wage		fare		burglary

　それぞれの解答は、1) snail, 2) essay, 3) tennis, 4) burglary となります。
　「定着させる」ための課題として、与えられた語彙を種類別に分類するという形式がよく見られます。たとえば、いろいろな動物を示す語群を、哺乳動物や魚や鳥などに分ける課題や、乗り物を示す語群を、陸上、水上、空のどこで使用されるのかによって分ける課題がそうです。オッド・マン・アウト（Odd Man Out）は与えられた語群からそのグループに属さない単語を探す活動で、ペア・マッチングと同様に、いろいろな品詞の語彙を対象にすることができます。
　これまでの例では、語義そのものに学習者の注意を向けることで、語彙の定着をねらいとしました。次の例ではどのようにしているでしょう。

116 ◆「定着させる」-3　受動的語彙として　形態素を利用して

教員は次のような課題を、ワークシートや板書で学習者に提示します。

次の大文字で書かれたものが、共通して語頭につき新しい語を形成するのは、以下のどの語群でしょうか。

TELE　MIS　ANTI

語群1	scope	phone	vision
語群2	translate	lead	take
語群3	nuclear	bacteria	war

　それぞれの解答は、語群1がTELE、語群2がMIS、語群3がANTIです。

ここでは、形態素（morpheme）に学習者の注意を向けさせることで、語彙の定着を図ろうとしています。
　形態素とは、単語の持つ意味をになう最小の単位のことです。たとえば、unkindness は、un+kind+ness という3つの形態素から形成されています。
　この活動例では、結果的に接頭辞（prefix）の意味の学習もかねています。学習対象の語彙には含まれない形態素にも関心を向けさせることで、接尾辞（suffix）の学習や、さらに対象となる語彙の派生語（derivative）なども合せて学習できます。
　語彙の学習には、辞書を有効に利用したいものです。とくに語源に対する興味や関心が高い学習者には、次のような課題を与えることができるでしょう。

117 ◆「定着させる」-4　受動的語彙として　語源から

教員は学習者に次のような課題を与えることができます。

> *breakfast は「朝食」という意味ですが、どうしてそんな意味になったのでしょうか。
> *school は、本来ギリシア語ではどのような意味で使用されたのでしょうか。
> *tractor「トラクター」と attraction「アトラクション」は、意味の上でどうつながっているのでしょうか。
> *salt「塩」と salary「給料」は、意味の上でどうつながっているのでしょうか。

　語源に関心を持つことで、その語の背景の知識が増えます。ここでは語源の学習をとおして、その語彙の定着を図ろうとしています。市販されている中型の辞書で、このような課題には十分に対処できます。さらに、その語彙がいつ頃から使用し始められたのかも知ることができます。また、最初に印刷物で使われたのはいつで、どのような文中で使われたかは、*Oxford English Dictionary*（OED）で知ることができます。学習者の興味や習熟度に合わせて

利用できます。

　上の活動例では教員が語彙を指定していますが、語源の学習の対象となる語彙を学習者個人やグループに自由にまかせ、それを文章でまとめさせたり、口頭で発表させたりもできるでしょう。

　さらに、glass（ガラス）と glasses（メガネ）や、It's freezing tonight, isn't it?（今夜は凍てつきますね）と Freeze!（命令文で「動くな」）のように、同じ語彙でも異なった意味を提示することによって、学習者の関心を特定の語彙に引きつけ定着を図ることもできます。

---

118 ◆「定着させる」-5　受動的語彙として　例文を提示して

教員は次のような課題を、ワークシートや板書で学習者に提示します。

下記の1群から3群のそれぞれの空欄には、共通してある語が入ります。その語は何か、次の大文字で書かれた単語から選びなさい。

FUN　　NEXT　　LOOK　　SOUND

1群　A picnic is a lot of (　　　).
　　　That would be a (　　　) thing to do.
　　　(　　　) run starts 9.30 am Sunday 14 March 2004 Quay Street.

2群　I sat (　　　) to a little girl.
　　　(　　　) to volleyball, basketball is the sport I enjoy most.
　　　Jane was (　　　) in line.

3群　She (　　　)ed out of the window.
　　　My room (　　　)s on the harbour.
　　　We didn't like the (　　　)s of the place.

1群の（　）にはFUN、2群にはNEXT、3群にはLOOKが入ります。この活動の特徴は、対象となる語彙を具体的な例文をとおして、学習者に提示している点です。書き言葉や話し言葉として実際に使用される例文を与えることで、以下に説明する能動的語彙とするための語彙学習に関連づけられます。なお、この活動例では学習の対象となる語彙の提示は教員によってされています。しかし学習者が語彙を選択し、さらにこの語彙については例文を辞書などから調べ、それをレポートするようにもできます。

　これまでの活動例のねらいは、学習の対象となる語彙を受動的語彙として確立させることでした。次の例では、さらに能動的語彙とすることを目標としています。

> **119 ◆「定着させる」-6　能動的語彙として　クリエイティヴ・ライティングを利用して**
>
> 　教員は、学習の対象となる語彙を含む10前後の語彙を板書します。学習者はこれらの単語を使用して、自由に文章を作ります。

　この活動は、学習の対象となっている語彙を、能動的語彙とするための活動です。学習者の語彙力をさらに高め、能動的語彙とする必要があると教員が判断すると、これを視野に入れた活動に取り組まねばなりません。受動的語彙で十分なのか、あるいは能動的語彙のレベルまで高めなければならないのかの判断の基準の1つは、対象となる語彙が基本2000語に含まれるかどうかです。

　上の活動例からも分かるように能動的語彙として「定着させる」ために、学習者は対象となる語彙を使用して、意味のまとまった一連の文章を、自分の意のおもむくまま創作します。つまり学習者は、クリエイティヴ・ライティングをすることになります。この過程で学習者は、対象となる語彙に再度注意を向けます。そして、正確な意味の把握に努めるだけでなく、文章の中での適切な使い方を確かめながら、その語彙をオリジナルの文脈で使うこと

により、その語を能動的語彙の一部とします。

能動的語彙とするための学習活動の特徴は、あくまでも学習者中心型であるという点です。語彙が指定されている点では教師中心型ではありますが、これまでのどの例と比較しても発散性の高い活動で、学習者は自分のペースで作業を進めます。

さらに活動を発展させ、学習者が教員や他の学習者からフィードバックを得る目的で、文字や言葉により発表することもできるでしょう。こうすることで、語彙の学習活動をコミュニケーション活動へと展開できます。

なお、さらに上級の学習者には、指定した単語を指定した順序で使うという課題に代えることができます。

◆ゲーム化した学習活動

授業の活動の合間の「投げ入れ教材（filler）」として、既習の語彙を利用した語彙ゲームがよくされます。これは、語彙は、読む、話す、聞くというような他の学習活動と比較して、ゲーム化しやすいだけでなく、結果が必ずしも学習者の語彙力だけに左右されないため、多くの学習者が楽しめるからです。学習の対象となった語彙に、再度、関心を持たせることで定着を図ろうとする、もう1つの学習活動です。

なお、インターネットでは、EFL/ESLの学習者を対象とした語彙のゲームサイトが、多く見られます。

語彙に関するゲームで、代表的なものをいくつかあげたいと思います。どのゲームもアイデア次第で、グループ間の対抗形式とすることができます。また、ゲームのなかには、学習者がグループで問題を作成し、それをクラス全員に課題として与えられるものもあります。

120 ◆語彙ゲーム-1　word square を利用する

T：年間の 12 の月の名前を、次の表から見つけて下さい。縦、横、斜めに、正しい綴りで書かれてあります。2 回、書かれている月の名前もあります。全部でいくつの月の名前が見つけられますか。

L	J	I	M	Y	C	Z	N	N	O	A	L	Y	P	D
M	A	R	C	H	D	A	E	O	W	U	X	Z	A	E
P	N	P	H	O	G	N	F	V	B	G	R	O	Q	C
I	U	J	R	U	J	U	N	E	C	U	S	C	B	E
M	A	Y	K	I	U	T	D	M	S	S	T	T	R	M
L	R	M	J	P	L	X	Y	B	N	T	U	O	V	B
A	Y	N	S	O	Y	Q	Z	E	E	P	F	B	G	E
M	H	F	E	B	R	U	A	R	Y	K	J	E	H	R
I	S	E	P	T	E	M	B	E	R	Q	I	J	A	O
J	K	C	T	N	J	A	N	U	A	R	Y	U	P	C
B	C	D	E	K	L	M	U	D	B	E	R	L	R	T
O	P	E	M	A	Y	N	F	G	J	U	L	Y	I	O
R	F	E	B	R	U	A	R	Y	U	W	X	Y	L	B
J	U	N	E	S	T	F	X	Z	G	S	A	B	A	E
H	M	A	R	C	H	T	G	U	V	S	T	P	C	R

　このゲームはワード・スクウェア（word square）と呼ばれています。同じやり方で、動物の名前、花の名前、曜日の名前（語尾の DAY を省いた部分）、さらには特定の単元での新出語彙など、いろいろ考えられます。
　次の活動も、語彙の綴りの確認に利用できます。

121 ◆語彙ゲーム-2　scrambled word を使って

T：次のアルファベットを並び換えて、ある単語になるようにして下さい。中央の大文字で書かれた単語は、まわりの小文字でかかれた単

語に関連する語となっています。

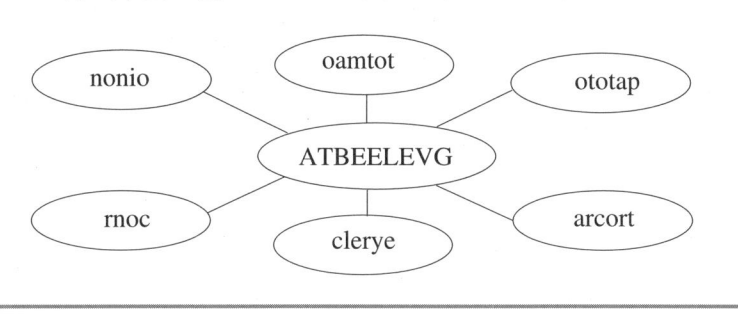

```
      oamtot
nonio         ototap
      ATBEELEVG
rnoc          arcort
      clerye
```

　このゲームはスクランブルド・ワード（scrambled word）と呼ばれています。ここではヒントとなるように、中心の単語の下位語を周囲に並べていますが、もちろん一語一語単独で取り扱うこともできます。カードに書かれた不規則に並べられたアルファベットから、元の正しく綴られた英語の語彙を答えるというゲームは、この例です。
　なお中央の単語は vegetable で、まわりにあるのはすべて野菜の仲間です。
　アルファベットを並び換えて、正しい語彙を答えるという次の形式のゲームは、基本的にはアナグラムを応用したものです。

122 ◆語彙ゲーム-3　anagram を使って

T：次の英語に含まれる文字を並び換えて、別の単語、語句、文章を作りましょう。（作ったのを矢印の右側に書きました）

melon	→	lemon
live	→	evil
silent	→	listen
ocean	→	canoe
teaching	→	cheating
sweetheart	→	there we sat
telegraph	→	great help

第 6 章 ●語彙の指導　209

astronomers	→	no more stars
October Sky	→	Rocket Boys

　アナグラム（anagram）とは、単語や語句に含まれるアルファベットの順番を適当に換えて、違った単語や語句を作るという古くからある言葉遊びです。上の活動例のように単に文字を並び換えるだけでなく、元の単語や語句と新たに作ったものとの間に、意味の上で何らかの関連性を持たせるよう工夫するところが、このゲームの面白味です。

　最後の October Sky は書名で、人類初の人工衛星を見た少年達がロケット製作に挑む話しです。Rocket Boys に並び換えられているのが見事です。

　簡単におこなえるアナグラムの活動として、学習者に、自分の名字や名前の文字を並び換えて、英単語や英文をつくれるか挑戦させることができます。

　先の２つの例のスクランブルド・ワードとアナグラムでは、与えられた綴りを並び換える語彙ゲームでした。次の例では、省かれているアルファベットを補って、もとの正しい綴り字を考えるゲームです。

123 ◆語彙ゲーム-4　省略された母音字を補う

T：次にあるのは、正しく綴られた元の単語から母音字だけを省略し、子音字のみを元の順番のとおりに並べたものです。正しく綴られた元の単語は何か考えて下さい。なお、それぞれの単語は、共通してあるグループに属しています。

```
pnppl （pineapple）
wtrmln （watermelon）
kwfrt （kiwi fruit）
grpfrt （grapefruit）
vcd （avocado）
```

（　）内は元の単語です。ここでは、果物をテーマにしましたが、他に野菜、体の一部、スポーツ、都市名など考えることができます。

次のゲームは語彙の学習の、おもに意味と綴りに焦点をあてた活動です。

124 ◆語彙ゲーム-5　spy code を使って

T：次にあるのは暗号文です。それぞれ2桁の数字はアルファベットのなかのある文字を表しています。暗号を解読して、指示どおりにして下さい。

18	01	09	19	05		25	15	21	18
08	01	14	04		01	14	04		19	01	25
07	15	15	04	02	25	05.		

この種のゲームはスパイ・コード（spy code）と呼ばれていますが、グループ対抗の形式を取ることができます。ここでは、01=A, 02=B, 03=C ... 26=Z で暗号が作ってあるので、答えは Raise your hand and say goodbye. になります。他に、26=A, 25=B, 24=C ... 01=Z するなど、いろいろ考えられます。

次のゲーム（次頁）は、ほぼ偶然性に左右され、学習者の語彙力とはあまり関係がありません。さらにゲーム性が高くなります。

1組のA群の各単語には、英語の前置詞が含まれています。つまり、catの綴りには at が、ink には in が、pond には on が、forth には for がありますが、B群の単語にはありません。2組のA群の各単語には、いずれかの曜日を意味する単語から "-day" を除いた部分が、綴りとして残っています。つまり、sunny には Sunday から "-day" を除いた sun が、money には mon が、satisfy には sat が、fried には fri がありますが、B群の単語にはありません。3組のA群の各単語には、身体の一部を示す単語が含まれています。Handy は hand が、farm には arm が、near には ear が、snail には nail が含まれていますが、B群にはそれはありません。

4組は、読者の皆さんへの宿題としましょう。A群の4つの単語に共通して言えることで、B群には言えないことは何でしょうか。

125 ◆語彙ゲーム-6　共通要素を答える

T：次の1組から4組の、A群には共通に見られる要素でB群にない要素は何でしょう。

1組	A 群	B 群
	cat	dog
	ink	pen
	pond	lake
	forth	back

2組	A 群	B 群
	sunny	rainy
	money	gold
	satisfy	identify
	fried	dried

3組	A 群	B 群
	handy	candy
	farm	field
	near	far
	snail	snake

4組	A 群	B 群
	Eden	Pompeii
	Victoria	Elizabeth
	Hobson	Bobson
	Albert	Atlas

むすび

　以上、英語の授業における学習活動を6つのカテゴリーに分類し、それぞれのカテゴリーのなかで考えられる具体例をまとめました。具体例から、毎日の授業内容を設計するヒントとしていただきたいのですが、その際、各章の枠組みにとらわれることなく、幅広い視点から具体的な活動例を参考にして下さい。たとえば、スピーキングの学習活動の授業構築にあたっては、スピーキングを扱った章だけでなく、広くライティングやリスニングなど他の章の具体例を参考にすることで、学習者のさまざまなニーズにあった授業内容の設計が可能になるでしょう。

　多様な学習環境のなか本書で紹介した学習例を、そのままの方法で適応できないかもしれません。学習者の反応も一様ではありません。その時々のニーズにあうように、現場では臨機応変の対応が求められます。この作業を進める上で、学習者の興味や関心にたえず配慮することはもちろんのこと、授業活動の組み立てには、各章の枠組みにとらわれない、本書で示したそれぞれの活動例の特徴を生かした、柔軟な対応が必要です。

　本書は英語教育を実践面から考察し、日々の授業の組み立てにすぐ応用できることを念頭に書かれています。なお、拙著「英語教員のための応用言語学」(昭和堂、2000年)では、これまでの英語教育にまつわる研究成果や言語学習理論の変遷をまとめ、英語教育を広く理論的に考察しています。ことに、本書でもふれた行動主義心理学者の言語習得理論や生得説論者の言語習得理論は、20世紀後半の言語教育の変遷を知る上で、大変重要な事柄です。あわせてご一読ください。

参 考 文 献

Asher, J. and B. Price. 1967."The Learning strategy of total physical response: Some age difference." *Child Development 38*: 1219-27.

Avery, P. and S. Ehrlich. 1995. *Teaching American English Pronunciation.* Oxford University Press.

Bronstein, A.J. 1960. *The Pronunciation of American English.* Prentice Hall.

Brown, R. 1973. *A First Language: the Early Stages.* Harvard University Press.

Brown, H. D. 1994. *Teaching by Principles.* Prentice Hall Regents.

Brown, H. D. 2001. *Teaching by Principles 2nd. Edition.* Prentice Hall Regents.

Canale, M. and M. Swain. 1980."Theoretical bases of communicative approaches to second language teaching and testing." *Applied Linguistics 1*: 1-47.

Celce-Murcia, M. 1991. *Teaching English as a Second or Foreign Language, 2nd Edition.* Heinle & Heinle Publishers.

Celce-Murcia, M. 2001. *Teaching English as a Second or Foreign Language, 3rd Edition.* Heinle & Heinle Publishers.

Celce-Murcia, M., D. Brinton and J. Goodwin. 1996. *Teaching Pronunciation.* Cambridge University Press.

Coady, J. and T. Huckin（eds.）1997. *Second Language Vocabulary Acquisition.* Cambridge University Press.

Cook, V. 1991. *Second Language Learning and Language Teaching.* Edward Arnold.

Cook, V. 1996. *Second Language Learning and Language Teaching Second Edition.* Edward Arnold.

Corder, S. 1966. *The Visual Element in Language Teaching.* Longmans.

Crystal, D. 1997. *The Cambridge Encyclopedia of the English Language.* Cambridge University Press.

Cook, G. and B. Seidlhofer（eds.）1995. *Principle and Practice in Applied Linguistics.* Oxford University Press.

Doff, A. 1988. *Teach English.* Cambridge University Press.

Fry, E.B. 1989. *Skimming & Scanning.* Jamestown Publishers.

Haycraft, J. 1999. *An Introduction to English Language Teaching.* Longman.

Hedge, T. 1993. "Key Concepts in ELT: Fluency". *ELT Journal 47* : 275.

Hicam, H. Jr. 1999. *October Sky.* Island Books.

Howatt, A. and R. Smith (eds.) 2000. *Foundations of Foreign Language Teaching volume 5.* Routledge.

Jimbo, H. and R. Murto. 1990. *Paragraphs That Communicate.* Linguaphone.

Johnson, K. and H. Johnson. 1998. *Encyclopedic Dictionary of Applied Linguistics.* Blackwell.

Krashen, S. and T. Terrell. 1983. *The Natural Approach.* Pergamon/Alemany.

Lenneberg, E. 1967. *Biological Foundations of Language.* Wiley and Sons.

Long, M. 1983."Native speaker/non-native speaker conversation and the negotiation of comprehensible input." *Applied Linguistics 4*: 126-41.

McCallum, G. 1980. *101 Word Games.* Oxford University Press.

Nation, P. (ed.) 1994. *New Ways in Teaching Vocabulary.* TESOL.

Nation, P. and J. Newton. 1997."Teaching Vocabulary" in Coady, J. and T. Huckin (eds.) 1997.

Nunan, D. 1989. *Designing Tasks for the Communicative Classroom.* Cambridge University Press.

Olshtain, E. and A. Cohen. 1991."Teaching speech act behavior to nonnative speakers" in M. Celce-Murcia (ed.) 1991.

Oshima, A. and A. Houge. 1988. *Introduction to Academic Writing.* Addison-Wesley Plublishing.

Pincas, A. 1982. *Teaching English Writing.* Macmillan.

Revell, J. 1983. *Teaching Techniques for Communivative English.* Macmillan Press.

Richards, J., J. Platt and H. Platt. 1993. *Dictionary of Language Teaching & Applied Linguistics.* Longman.

Rivers, W. M. 1966. "Listening Comprehension." *Modern Language Journal, 50*: 196-204.

Rivers, W. M. 1968. *Teaching Foreign Language Skills.* Chicago University Press.

Roach, P. 1983. *English Phonetics and Phonology.* Cambridge University Press.

Sauveur, L. 1874."Introduction to the Teaching of Living Languages without Grammar or Dictionary" in Howatt, et. al. (eds.)

Seal, B. 1991."Vocabulary learning and teaching" in Celce-Murcia (ed.) 1991.

Seal, B. 1989. *Vocabulary Builder 2.* Longman.

Swain, M. 1995."Three functions of output in second language learning" in Cook and Seidlhofer (eds). 1995.

Taylor, L. 1990. *Teaching and Learning Vocabulary.* Prentice Hall International.

West, M. 1930."Speaking-vocabulary in a foreign language." *Modern Language Journal,14*: 509-21.

West, M. 1953. *A General Service List of English Words.* Longmans.

Williams, E. 1984. *Reading in the Language Classroom.* Macmillan.

朝日新聞昭和 32 年 10 月 5 日夕刊
安藤昭一（編）（1991）『英語教育現代キーワード事典』増進堂
伊藤治己（編）（1999）『コミュニケーションのための 4 技能の指導』教育出版
小川芳男他（1969）『英語教授法展望』研究社
大喜多喜夫（2000）『英語教員のための応用言語学』昭和堂
大喜多喜夫（2001）「英語教育における読解指導の展開について」『教職教育研究』第 6 号、関西学院大学教職教育研究センター
大喜多喜夫（2003）「中等教育における英語学習でのリスニング活動の分析」『教職教育研究』第 8 号、関西学院大学教職教育研究センター
大喜多喜夫（2004）「英語教育における語彙指導に関する考察」『教職教育研究』第 9 号、関西学院大学教職教育研究センター
片山嘉雄他（編）（1992）『新・英語科教育の研究』大修館書店
河田純次（1999）「リーディング能力を身につける最適な方法は何か？」第 29 回中部地区英語教育学会静岡大会問題別討論会資料
小菅敦子他（1999）『スピーキングの指導』研究社
佐野正雄（1995）「リーディング授業におけるオーラル・インターラクション」『英語教育』Jan 1995. 大修館書店
天満美智子（1989）『英文読解のストラティジー』大修館書店
福崎伍郎・島田浩史（2000）『パラグラフリーディングのストラテジー』河合出版
松畑煕一（2000）「ライティング能力の重要性」『英語教育』Nov 2000. 大修館書店
南出康世（1998）『Revised POLESTAR Writing Course』数研出版

索 引

ア行
アウトプット仮説　80
アウトライン　55
アッシャー　115
アナグラム　210
「暗示的な」語彙学習　183
異音　154
一貫性　78
意味理解をともなう練習　83
インタラクション仮説　80
イントネーション　167
インフォメーション・ギャップ　88
ウエット・インク　68
エコー・クェスチョン　170
オーディオリンガル法　74, 109, 111
オーラル・インタラクション　51
置き換え型　44
オッド・マン・アウト　203
オピニオン・ギャップ　92
音節拍子言語　157

カ行
開音節　158
下位語　182
書き取り　43
書き取り作文　47
学習者中心型　42
学習者どうしの校正　64, 70
下降調　167, 171
含蓄的な意味　183
簡略表記　154
機械的な練習　83
擬声語　191
機能語　139
教師中心型　42
強勢拍子言語　157
業務執行的な　122
クイック・ライティング　68
具象名詞　177
クラスタリング　66
クラッシェン　118

クローズ・テスト　127
グローバル・エラー　144
形式スキーマ　54
形態素　203
結合性　78
言語習得装置　112
口蓋音化　162
交差連想　186
ゴシップ・ゲーム　152
小道具　116
コミュニカティヴ・ライティング　40
コミュニカティヴ・ランゲージ・ティーチング　179
コミュニケーション型の練習　83
コミュニケーション能力　76
コンポジション　41

サ行
3Cアプローチ　185
3段階のリーディング指導　7
子音連結　143
ジグソー・リスニング　123
自然性　57, 83
実物教材　116, 150
ジャーナル・ライティング　59
社会言語的な能力　76
弱音化　140
シャドイング　173
自由型のライティング　42
修辞指導法　72
収束性　11, 42
受動的語彙　182, 201
受容的語彙　182
準備されたスピーチ　97
上位語　182
上昇調　167, 172
スウェイン　80
スキーマ　2, 187
スキミング　9, 36
スキャニング　36
スクランブルド・ワード　209

217

ストレスのある音節　156
ストレスのない音節　156
スパイ・コード　211
スピーチ　94
正確さ　75
制限型のライティング　42
正誤問題　11, 119
生産的語彙　182
生得説論者　112
精密表記　154
接頭辞　204
接尾辞　204
セマンティック・マップ　8
戦術的な能力　79
相互作用的な　122
即興のスピーチ　97, 100

タ行
ダイアローグ・ジャーナル・ライティング　59
帯気音　153
ダイレクト・メソッド　177
タスク　120
タスクの統合化　12
弾音化された t　155
短期記憶　184
談話能力　77
チェイン・プラクティス　171
チャンツ　157
抽象名詞　177
躊躇マーカー　100
長期記憶　184
超分節的　111, 144
チョムスキー　112
沈黙期間　114
ティーチャー・トーク　192
ディスコース・マーカー　11
ディスプレイ・クェスチョン　191
ディスプレイ・ライティング　57
テレル　118
同意語　182

同化　161
討議　94

ナ行
内容語　139, 157
内容指向型　83, 94
内容スキーマ　54, 57
投げ入れ教材　103, 207
並び換え型　44
能動的語彙　182, 201

ハ行
パーシング　135
派生語　204
バック・チェイニング　173
バックウォード・ビルドアップ　174
発見型指導法　72
発散性　11, 42
話しの中断　100
パラグラフ・リーディング　23
反意語　182
ピクチャー・ディクテイション　121
非自然性　58
表示的な意味　183
付加疑問文　171
ブック・フラッド・アプローチ　184
ブラウン　112
フリー・ライティング　66
ブレインストーミング　9, 66
フロウ・チャート　8, 55
プロセス・アプローチ　61
プロダクト・アプローチ　61
プロミネンス　164
文型指向型　83
文型練習　82
分節的　111, 144
文法形態素研究　112
文法的な能力　112
文法訳読方式　1, 176
ペア・マッチング　202
閉音節　158

218

閉鎖無声音　153
ベルリッツ　177

マ行
ミニマル・ペア　145
ミニマル・ペア練習　111
ミム・メム練習　74
無声音　148
無標　188
「明示的な」語彙学習　183

ヤ行
有声音　148
有声音化された t　155
誘導型のライティング　42
有標　188
要約　55
4-3-2 メソッド　102

ラ行
リアリア　116, 150
リアル・ライティング　57
リエゾン　160
リスティング　65
流暢さ　75
臨界期説　112
レニバーグ　112
レファレンシャル・クェスチョン　191
連結　138, 160
ローカル・エラー　144
ロール・プレイ　94, 103
ロング　80

ワ行
ワード・スクウェア　208

abstract noun　177
accuracy　75
accuracy-oriented　65, 75
active vocabulary　182, 201

allophone　154
anagram　210
antonym　182
Asher　115
aspiration　153
assimilation　161
Audiolingual Method　74, 109, 111
authenticity　57, 83
back chaining　173
backward build-up　174
Berlitz　177
Body Paragraph(s)　29, 33
Book Flood Approach　184
bottom-up　1, 50, 126, 135
brainstorming　9, 66
broad transcription
　あるいは broad notation　154
Brown　112

chain practice　171
chants　157
Chomsky　112
chorus reading　149
close juncture　160
closed syllable　158
close-ended　11, 42
cloze test　127
clustering　66
coherence　78
cohesion　78
communication drill　83
communicative competence　76
Communicative Language Teaching　179
communicative writing　40
composition　41
Comprehension-Based Approach　113
Concluding Paragraph　29
Concluding Sentence　25
concrete noun　177
connotation　183
consonant cluster　143

content schema 54, 57
content word 139, 157
content-oriented 83, 94
controlled writing 42
Critical Period Hypothesis 112
cross-association 186
denotation 183
derivative 204
dialogue journal writing 59
dictation 43
dicto-comp 47

Direct Method 177
discourse competence 77
discourse marker 11, 34
discovery approach 72
discussion 94
display question 191
display writing 57

echo question 170

falling intonation 167, 171
filler 103, 207
flapped *t* 155
flow chart 8, 55
fluency-oriented 65, 75
formal schema 54
form-focused 83
4/3/2 Method 102
free writing 42, 66
function word あるいは functor 139

General American English 142
General Statement 28
global error 144
Gossip Game 152
Grammar Translation Method 1, 176
grammatical competence 76
Grammatical Morpheme Order Studies 112
guided writing 42

hesitation marker 100
hyponym 182

impromptu speech 97, 100
individual reading 149

information gap 88
Interaction Hypothesis 80
interactional 122
Introductory Paragraph 27, 33

jigsaw listening 123
journal writing 59

Knock Knock Joke 163
Krashen 118

language acquisition device 112
Lenneberg 112
liaison 160
linking words 35
linking 138, 160
listing 65
local error 144
Long 80
long-term memory 184

main idea 24
major sentence stress 164
marked 188
meaning-focused 83
meaningful drill 83
mechanical drill 83
mim-mem practice 74
minimal pair 145
minimal pair practice 111
minor sentence stress 164
morpheme 203

narrow transcription
 あるいは narrow notation 154
nativist 112
Natural Approach 118

Odd Man Out 203
onomatopoeia 191
open juncture 161
open syllable 158
open-ended 11, 42
opinion gap 92
outline 55
Output Hypothesis 80

pair matching 202
palatalization 162
parsing 135
passive vocabulary 182, 201
pattern practice 82
pause 100
peer editing 64, 70
picture dictation 121
Post-reading 12, 21
prefix 204
prepared speech 97
Pre-reading 8, 16
process approach 61
product approach 61
productive vocabulary 182
props 116

quick writing 68

real writing 57
realia 116, 150
Received Pronunciation 142
receptive vocabulary 182
reduction 140
referential question 191
rhetorical approach 72
rising intonation 167, 172
role play 94, 103

scanning 36
schema 2, 187
schwa 140
scrambled word 209
segmental 111, 144
semantic map 8
sentence connector 35
sentence stress 164
shadowing 173
short-term memory 184
Show and Tell 99
silent period 114
Simon Says. 117
skill-getting 83
skill-using 83
skimming 9, 36

sociolinguistic competence 76
speech 94
spy code 211
stop voiceless 153
strategic competence 79
stressed syllable 156
stress-timed language 157
structure-oriented 83
student-centered 42
suffix 204
summary 55
superordinate 182
Supporting Sentence(s) 25, 31
suprasegmental 111, 144
Swain 80
syllable-timed language 157
synonym 182

tag question 171
task 120
task integration 12
teacher talk 192
teacher-centered 42
Terrell 118
Thesis Statement 28
3 C's Approach 185
top-down 2, 50, 126, 135
Topic Sentence 24, 31
Total Physical Response 115, 146
transactional 122
transition signal 34
True or False Question 11, 119

unauthenticity 58
unmarked 188
unstressed syllable 156

voiced *t* 155
voiced 148
voiceless 148

wet ink 68
While-reading 10, 19
word square 208

活動事例一覧

リーディングの指導
1 ◆ Pre-reading-1　物語の背景を調べる　16
2 ◆ Pre-reading-2　物語の展開を予想する　17
3 ◆ Pre-reading-3　難しい語句の意味を考える　18
4 ◆ While-reading-1　ミクロ的なもの　19
5 ◆ While-reading-2　ややマクロ的なもの　20
6 ◆ While-reading-3　マクロ的なもの　21
7 ◆ Post-reading　学習者中心型で発散的　22
8 ◆ Topic Sentence の役割を学習する　31
9 ◆ Supporting Sentence (s) の役割を学習する　31
10 ◆ Topic Sentence と Supporting Sentence (s) の関係を学習する　32
11 ◆ Introductory Paragraph の役割を学習する　33
12 ◆ Introductory Paragraph と Body Paragraph (s) の関係を学習する　34
13 ◆ Scanning を学習する　37

ライティングの指導
14 ◆ 「制限型」-1　「並び換え型」単語を並び換える　44
15 ◆ 「制限型」-2　「並び換え型」文を並び換える　44
16 ◆ 「制限型」-3　「置き換え型」絵図を使って　45
17 ◆ 「制限型」-4　「置き換え型」教科書にある既存の文章を使って　46
18 ◆ 「誘導型」-1　語彙を指定する　48
19 ◆ 「誘導型」-2　「書き取り作文」を使う　48
20 ◆ 「誘導型」-3　オーラル・インタラクションを利用して　50
21 ◆ 「誘導型」-4　漫画や絵図を利用して　52
22 ◆ 「誘導型」-5　短いパラグラフを手本として　53
23 ◆ 「誘導型」-6　要約を書く　55
24 ◆ 「誘導型」-7　予測を書く　56
25 ◆ 「自由型」-1　「自然性」と「非自然性」　58
26 ◆ 「自由型」-2　ジャーナル・ライティング　59
27 ◆ 「自由型」-3　リアル・ライティング　60
28 ◆ プロセス・ライティング-1　「書き出し」リスティングを利用する　66
29 ◆ プロセス・ライティング-2　「書き出し」ブレインストーミングを利用する　66
30 ◆ プロセス・ライティング-3　「書き出し」フリー・ライティングを利用する　67
31 ◆ プロセス・ライティング-4　「書き出し」クラスタリングを利用する　68
32 ◆ プロセス・ライティング-5　「校正」peer editing を利用して　69

スピーキングの指導

33 ◆「文型指向型」-1 「機械的な練習」代入型を使う 84
34 ◆「文型指向型」-2 「機械的な練習」累積型を使う 84
35 ◆「文型指向型」-3 「機械的な練習」転換型を使う 85
36 ◆「文型指向型」-4 「意味理解をともなう練習」やや発散的 86
37 ◆「文型指向型」-5 「コミュニケーション型の練習」発展的な文型練習 87
38 ◆「文型指向型」-6 「コミュニケーション型の練習」インフォメーション・ギャップ活動 (a) 87
39 ◆「文型指向型」-7 「コミュニケーション型の練習」インフォメーション・ギャップ活動 (b) 89
40 ◆「文型指向型」-8 「コミュニケーション型の練習」インフォメーション・ギャップ活動 (c) 90
41 ◆「文型指向型」-9 「コミュニケーション型の練習」インフォメーション・ギャップ活動 (d) 91
42 ◆「文型指向型」-10 「コミュニケーション型の練習」オピニオン・ギャップ活動 92
43 ◆「内容指向型」-1 「討議」絵図を利用して 95
44 ◆「内容指向型」-2 「討議」教科書の内容をテーマにして 96
45 ◆「内容指向型」-3 「準備されたスピーチ」叙述的な教材を使って 97
46 ◆「内容指向型」-4 「準備されたスピーチ」事件性の高い教材を使って 98
47 ◆「内容指向型」-5 「準備されたスピーチ」Show and Tell を利用して 99
48 ◆「内容指向型」-6 「即興のスピーチ」ペア・ワークを利用する 100
49 ◆「内容指向型」-7 「即興のスピーチ」4/3/2 Method を使って 102
50 ◆「内容指向型」-8 「即興のスピーチ」ロール・プレイ 教科書を使い (a) 104
51 ◆「内容指向型」-9 「即興のスピーチ」ロール・プレイ 教科書を使い (b) 105
52 ◆「内容指向型」-10 「即興のスピーチ」ロール・プレイ 教科書を使い (c) 105
53 ◆「内容指向型」-11 「即興のスピーチ」ロール・プレイ 目的を設定して 106

リスニングの指導

54 ◆「言語認知のため」-1 TPR を使って 単文ごとに 115
55 ◆「言語認知のため」-2 TPR を使って 一連の文章を対象に 116
56 ◆「言語認知のため」-3 TPR を使って props を利用して 116
57 ◆「言語認知のため」-3 TPR を使って Simon says のゲームで 117
58 ◆「内容理解のため」-1 タスク・リスニング picture dictation を使って 121
59 ◆「内容理解のため」-2 タスク・リスニング jigsaw listening を使って 123
60 ◆「内容理解のため」-3 タスク・リスニング テキストを使用して 124
61 ◆ Bottom up リスニング-1 クローズ・テストを利用して 127

62 ◆ Bottom-up リスニング-2　テキストの間違いをさがす　128
63 ◆ Bottom-up リスニング-3　歌詞を利用してゲーム感覚で　128
64 ◆ Bottom-up リスニング-4　表や図を完成する　129
65 ◆ Bottom-up リスニング-5　絵図の間違いをさがす　130
66 ◆ Top-down リスニング-1　絵図を選択する　131
67 ◆ Top-down リスニング-2　絵図を正しく並び換える　133
68 ◆ Bottom-up リスニングと Top-down リスニングの組み合わせ　134
69 ◆「音声システム理解のため」-1　ポーズとイントネーション　基本編　137
70 ◆「音声システム理解のため」-2　ポーズとイントネーション　応用編　137
71 ◆「音声システム理解のため」-3　「子音」+「母音」の linking　138
72 ◆「音声システム理解のため」-4　機能語と内容語の違い　139
73 ◆「音声システム理解のため」-5　機能語の母音の弱音化　140
74 ◆「音声システム理解のため」-6　代名詞の語頭子音の脱落　141
75 ◆「音声システム理解のため」-7　機能語の語尾子音の脱落　141

発音の指導

76 ◆ 分節的な指導-1　ミニマル・ペアを利用して　146
77 ◆ 分節的な指導-2　ミニマル・ペアと TPR を利用して　147
78 ◆ 分節的な指導-3　ミニマル・ペアと文脈を利用して　147
79 ◆ 分節的な指導-4　ビンゴ・ゲームを利用して　148
80 ◆ 分節的な指導-5　有声音と無声音の区別をする　148
81 ◆ 分節的な指導-6　発音の正確さを学習者自ら確認する　149
82 ◆ 分節的な指導-7　realia を使って間接的に確認する　150
83 ◆ 分節的な指導-8　文脈のなかで確認する　151
84 ◆ 分節的な指導-9　口頭発表する作文から確認する　151
85 ◆ 分節的な指導-10　Gossip Game を利用して　152
86 ◆ 分節的な指導-11　帯気音への意識を高める　154
87 ◆ 分節的な指導-12　flapped *t* への意識を高める　155
88 ◆ 超分節的な指導-1　チャンツを利用して　157
89 ◆ 超分節的な指導-2　COLD cream or cold CREAM?　159
90 ◆ 超分節的な指導-3　Knock Knock Joke を利用して　163
91 ◆ 超分節的な指導-4　プロミネンスへの意識を高める (a)　165
92 ◆ 超分節的な指導-5　プロミネンスへの意識を高める (b)　166
93 ◆ 超分節的な指導-6　プロミネンスへの意識を高める (c)　166
94 ◆ 超分節的な指導-7　3つのイントネーション　168
95 ◆ 超分節的な指導-8　イントネーションによる心理変化　169

| 96 ◆ 超分節的な指導-9　エコー・クェスチョン　170
| 97 ◆ 超分節的な指導-10　付加疑問文のイントネーション　172
| 98 ◆ 超分節的な指導-11　back chaining を使う　174
| 99 ◆ 超分節的な指導-12　shadowing を使って　175

語彙の指導

| 100 ◆「意味を伝える」-1　語彙の提示から始めて　文脈の中で　188
| 101 ◆「意味を伝える」-2　語彙の提示から始めて　realia を使って　190
| 102 ◆「意味を伝える」-3　語彙の提示から始めて　上位語・下位語を使って　191
| 103 ◆「意味を伝える」-4　語彙の提示は後にして　線画を使って　192
| 104 ◆「意味を伝える」-5　語彙の提示は後にして　パントマイムを使って　193
| 105 ◆「意味を伝える」-6　語彙の提示は後にして　共通の関連イメージを利用して　194
| 106 ◆「意味を伝える」-7　語彙の提示は後にして　用途や機能を利用して間接的に　195
| 107 ◆「確認する」-1　口頭でおこなう　文脈から直接的に　196
| 108 ◆「確認する」-2　口頭でおこなう　関連情報を引き出して間接的に　197
| 109 ◆「確認する」-3　口頭でおこなう　関連情報を与えて直接的に　197
| 110 ◆「確認する」-4　口頭でおこなう　抽象名詞の場合は間接的に　198
| 111 ◆「確認する」-5　口頭でおこなう　変則的に文字も利用して　199
| 112 ◆「確認する」-6　文字を使って　直接的に　199
| 113 ◆「確認する」-7　文字を使って　間接的に　200
| 114 ◆「定着させる」-1　受動的語彙として　pair matching を使って　202
| 115 ◆「定着させる」-2　受動的語彙として　Odd Man Out を使って　202
| 116 ◆「定着させる」-3　受動的語彙として　形態素を利用して　203
| 117 ◆「定着させる」-4　受動的語彙として　語源から　204
| 118 ◆「定着させる」-5　受動的語彙として　例文を提示して　205
| 119 ◆「定着させる」-6　能動的語彙として　206
| 120 ◆ 語彙ゲーム-1　word square を利用する　208
| 121 ◆ 語彙ゲーム-2　scrambled word を使って　208
| 122 ◆ 語彙ゲーム-3　anagram を使って　209
| 123 ◆ 語彙ゲーム-4　省略された母音字を補う　210
| 124 ◆ 語彙ゲーム-5　spy code を使って　211
| 125 ◆ 語彙ゲーム-6　共通要素を答える　212

あとがき

　私は十数年間、公立の高等学校の英語科教員として教壇に立ちました。最初の赴任校は、当時で言う新設の学校で、私が高校生のときに受けた指導方法がそのままで奏功する教育環境の学校では必ずしもありませんでした。2つめの学校は、いわゆる進学校でありながらも、ALTが常駐するなど受験とは直接関係がないように思われた学習活動にも積極的に取り組める教育環境の学校でした。

　英語の教育現場にいた私の耳にも、何となくcommunicative approachというキーワードが入ってきたのは、1980年代の中頃のことでした。そのころは2つめの高校に勤務しており、一方では文法学習や長文読解などに代表される受験英語の指導に、一方ではALTとのteam-teachingに無我夢中で取り組んでいたように思います。

　各種の研修にそれほど積極的でないにしても参加し、そこで見聞きした指導事例でこれは使えそうだと思ったものや、自分でやってみて何となく効果があるのではないかと思う指導方法をときには試したこともありました。しかし、実際にどのような効果があるのかなど、考える余裕はありません。ただがむしゃらに教えていました。

　いま振り返って見て、もし、あのとき少し立ち止まって自分の授業内容をいろいろな視点から分析することができていたら、もっと自分の日々の授業内容に自信が持て、まとまりのある授業ができ、ひいては学習者が必要とする英語力の育成に、より貢献できていたのではないかと思います。

　こんな思いもあって本書をまとめる気持ちになりました。

　なお、本書第1章、第4章、第6章は、順に、関西学院大学『教職教育研究』第6号、第8号、第9号に掲載した拙著を加筆修正したものです。

At a flat overlooking Rangitoto Island, Auckland, N. Z.　March 2004.

大喜多喜夫

● 著者紹介 ●

大喜多喜夫（おおきた・よしお）
1975年関西学院大学文学部卒業後、高等学校英語科教諭、大阪府科学教育センター（現大阪府教育センター）指導主事兼研究員を経て、現在、関西学院大学教授。テンプル大学大学院修士課程（M.Ed）修了。著書として他に『英語教員のための応用言語学』（昭和堂、2000年）がある。

Excerpts From October Sky by Homer H. Hickam, Jr.
Copy right©1998 by Homer H. Hickam, Jr.
English reprint rights arranged with Benay Enterprises, Inc.
through Japan UNI Agency, Inc., Tokyo.

英語教員のための　授業活動とその分析

2004年10月25日　初版第1刷発行
2009年3月30日　初版第3刷発行

著　者　　大喜多喜夫

発行者　　齊藤万壽子

〒606-8224　京都市左京区北白川京大農学部前
発行所　株式会社　昭和堂
振替口座　01060-5-9347
TEL（075）706-8818／FAX（075）706-8878

©大喜多喜夫　2004　　　　　印刷　中村印刷
ISBN 4-8122-0416-×
＊落丁本・乱丁本はお取替え致します。
Printed in Japan

英語教員のための応用言語学 ──ことばはどのように学習されるか──
大喜多喜夫　著

言語習得のしくみを、応用言語学の立場から細かく解説。国際化・情報化によって変わりゆく学校教育のなかで、確かな知識を身につけるための一冊。
行動主義心理学の言語習得理論生得説論者の言語習得理論／中間言語／誤答分析／Ｌ２習得の初期段階の特徴／子どものＬ１習得と大人のＬ２習得の相違点と類似点／転移／動機づけ　ほか　（目次より）

定価 2940 円（本体 2800 円＋税）ISBN4-8122-0018-0

応用英語研究論集 ──英語圏をひもとく新たなるアプローチ──
京都ノートルダム女子大学 人間文化学部英語英文学科　編

「英語を学ぶ」から「英語で学ぶ」「英語で研究する」へ。英語と英語圏文化を多様なテーマで探求する論文集。
第１部　イギリス文化散歩　第２部　現場で役に立つ「英語教授法」
第３部　英語の深奥を解きほぐす言語理論
第４部　サイバー・スペースの異言語（文化）交流

定価 3990 円（本体 3800 円＋税）ISBN4-8122-0135-7

脳科学からの第二言語習得論 ──英語学習と教授法開発──
大石晴美　著

本書は、言語習得理論を脳科学の立場から論じた研究書である。英語学習者の課題遂行時における脳内の活性状態を光トポグラフィにより観測し、言語情報処理のメカニズムを脳科学の視点から解明する。

定価 3990 円（本体 3800 円＋税）ISBN978-4-8122-0618-8

日本文学英訳分析セミナー ──なぜこのように訳したのか──
前田尚作　著

アメリカの日本文学研究者であるドナルド・キーンの英訳など日本文学英訳の全盛時代。本書は、日本文学がどのように訳されているのか原文と訳文を照合し、分析したテキストである。解説編、問題編、挟み込みの解答編からなる。

定価 2940 円（本体 2800 円＋税）ISBN978-4-8122-0620-1

昭和堂刊